조선의 어둠을 밝힌
첫 호주인 여선교사
벨레 멘지스

조선의 어둠을 밝힌
첫 호주인 여선교사
벨레 멘지스
The First Australian Woman Missionary in Korea Isabella(Belle) Menzies

2022년 2월 15일 처음 펴냄

편저자 | 양명득
펴낸이 | 김영호
펴낸곳 | 도서출판 동연
주 소 | 서울시 마포구 월드컵로 163-3
전 화 | (02)335-2630
전 송 | (02)335-2640
이메일 | yh4321@gmail.com
블로그 | https://blog.naver.com/dong-yeon-press

The First Australian Woman Missionary in Korea Isabella(Belle) Menzies
Author & Editor: Myong Duk Yang

ISBN 978-89-6447-758-8 03040

The First Australian Woman Missionary
in Korea

조선의 어둠을 밝힌

첫 호주인 여선교사
벨레 멘지스

양명득Myong Duk Yang **편저**

Isabella (Belle) Menzies

동연

이사벨라(벨레) 멘지스(Isabella[Belle] Menzies, 1856~1935)

사랑과 은혜의 흔적

누군가가 지나간 뒤에는 반드시 흔적이 남습니다. 좋은 흔적이든 그렇지 않은 흔적이든, 반드시 흔적이 남습니다. 130여 년 전 호주에서 이곳 부산으로 왔던 호주 선교사님들은 이곳에 분명한 흔적을 남겼습니다. 사랑의 흔적입니다. 특히 2진 선교사로 한국에 왔던 멘지스 선교사님의 사랑의 흔적은 부산 좌천동 언덕에 부산진교회라는 지워지지 않을 뚜렷한 사랑의 흔적을 남겼습니다.

저는 부산진교회를 담임하면서, 그동안 부산진교회의 초기 역사와 관련한 글들을 읽을 때마다 멘지스 선교사님과 관련한 언급들을 접해 왔습니다. 하지만 멘지스 선교사님이 직접 남긴 글들을 만나지 못하는 깊은 아쉬움이 있었습니다. 그런데 이제 선교사님이 남긴 글을 직접 접할 수 있게 되었다는 사실이 얼마나 기쁜지 모릅니다. 우리 교회 역사뿐만 아니라 부산지역의 초기 기독교 역사를 생생하게 볼 수 있게 되었다는 사실이 얼마나 역사적으로 가치 있는 일인가 생각하게 됩니다.

이를 위해 자료를 수집하고 선별하고 번역하는 쉽지 않은 수고를 통해 이 책을 볼 수 있게 해 주신 양명득 선교사님께 깊은 감사의 말씀을 드립니다. 그뿐만 아니라 이 귀한 책을 부산진교회 이름으로 발행할 수 있는 영광을 주신 선교사님의 배려에 감사의 말씀을 드립니다.

멘지스 선교사님의 사랑의 흔적이 오늘 우리의 마음속에 그리고 우리의 삶 속에 흔적으로 남아 또 다른 아름다운 흔적을 남기게 되기를 소망합니다.

부산진교회 담임목사

신충우

Encouragement Message

On behalf of the Presbyterian Church of Victoria, I con-gratulate Dr Myong Duk Yang and the Busanjin Church on the publication of this record of the missionary service of Miss Belle Menzies in Korea, and for releasing it to coincide with her receiving the Korean Government Ministry of Patriots and Veterans Affairs 'Award for Persons of Distinguished Service to National Independence' for her contribution to education in Korea and to Korean independence.

The publication of this history and the honour bestowed by the Korean Government on Belle Menzies, together with Margaret Davies and Daisy Hocking, fellow missionaries, is a great encouragement to the Presbyterian Women's Missionary Union (PWMU). For love for the people of Korea and especially the women, the PWMU sent her to Korea in 1891 to serve in the gospel of our Lord Jesus Christ. The PWMU rejoices in the faithfulness of God and the fruitfulness of the labours of Miss Menzies and those who served with her in telling the gospel, in caring for orphans and in the education and training of women, and in helping shape Korea as an independent nation.

We are thankful to be reminded that Miss Menzies believed that 'to elevate a nation, wives and mothers must be educated', and that in October 1895 she opened the Busanjin Ilsin Girls' School, the first girls' school in Busan, with herself as its first Principal. Her zeal for education then extended to patriotism and agitation for Korean freedom from Japanese colonial rule and the imposition of worship at Shinto shrines upon Koreans – and in March 11, 1919, she, together with the then principal of the school, Margaret Davies and educational missionary Daisy Hocking, a teacher at the school and many of its students, were arrested and imprisoned for waving Korean national flags and shouting 'Long live Korean independence!' on the main road of Jwacheon-dong.

We give thanks to God for faithful service of Belle Menzies to the people of Korea and the well-deserved honour bestowed on her and her fellow missionaries by the Government of Korea, and for the faithful recording of Belle's service, so that generations yet to come might be inspired to follow her example in loving and serving the Lord Jesus Christ. We pray that God's Word and Spirit may continue to shape Korean society; that the Korean church may remain faithful to the Word of God, and that Korea may be united in peace and freedom. As the Lord sent Belle Menzies and her co-workers to Korea with the gospel, so may He send Koreans to other peoples to bless them with the unchanging good news of his love in Christ Jesus.

January 2022

Peter Phillips

Moderator, Presbyterian Church of Victoria

격 려 의 글

　호주 선교사 벨레 멘지스에 관한 도서를 출간한 부산진교회와 양명득 박사께 빅토리아장로교회를 대신하여 축하드립니다. 특히 이번 출판은 멘지스를 독립유공자로 인정한 한국 정부의 훈장 포상과 시기가 맞추어져 더 의미가 있습니다.

　한국 정부가 벨레 멘지스와 그녀의 동료 마가렛 데이비스와 데이지 호킹의 한국에서의 교육과 민족 독립의 공헌을 인정한 것은 그들을 파송했던 빅토리아여선교연합회(이하 연합회)에게 큰 격려가 됩니다. 한국인과 특히 한국 여성들을 사랑하여 연합회는 예수 그리스도의 복음을 전하고자 1891년 그녀를 한국으로 파송하였습니다. 연합회는 멘지스와 동료들이 수고한 열매와 하나님의 신실함 속에 기뻐하는바, 그들은 복음을 전하고, 고아들을 돌보며, 그 소녀들을 교육하고 훈련하여 한국이 독립된 나라가 되도록 도왔습니다.

　'국가가 발전되려면 아내와 어머니들이 교육을 받아야 한다'고 멘지스가 믿었던 것을 상기합니다. 1895년 10월 그녀는 부산진일신여학교를 개교하여 교장이 되었는데, 이것은 부산에서 첫 여학교였습니다. 교육에 대한 그녀의 열정은 일본의 압제와 신사참배 강요에서 해방하려는 한국인의 애국심과 독립운동으로 확장되었습니다.

　1919년 3월 11일 멘지스와 당시 교장이었던 마가렛 데이비스, 교육선교사 데이지 호킹, 한 교사와 학생들은 좌천동의 대로에서 한국

국기를 흔들며 '대한독립 만세'를 외쳤다는 이유로 체포되고 구금되었습니다.

한국인들을 위한 벨레 멘지스와 동료들의 신실한 헌신과 그 공로를 인정한 한국 정부로 인하여 우리는 하나님께 감사합니다. 그리고 한 권의 책으로 나온 그녀에 관한 기록을 통하여 그리스도를 사랑하고 섬긴 그녀의 모범이 후세들에게 영감이 되기를 바랍니다.

하나님의 말씀과 영이 계속하여 한국 사회를 형성하기를 우리는 기도하며, 한국교회가 하나님의 말씀에 신실하며, 나라가 평화와 자유 속에 하나가 되기를 바랍니다. 벨레 멘지스와 그녀의 동료들을 주님께서 한국으로 보낸 것처럼 한국인들도 타인에게 보냄을 받아 예수 그리스도의 불변하는 복음으로 그들을 축복하기를 기원합니다.

2022년 1월

피터 필립스

빅토리아장로교회 총회장

'호주 선교부의 어머니'라 불리는 벨레 멘지스에 관한 문서와 사진, 역사적인 기록들이 담긴 책이 출간됨을 먼저 축하드립니다.

2021년 한·호 수교 60주년을 기념하는 행사와 문재인 대통령의 호주 방문도 이루어진 이때 한국 선교에 큰 발자취를 남긴 벨레 멘지스에 관한 책이 출간되는 것은 참으로 경축할 일입니다.

한·호 수교는 60주년이지만, 한·호 관계는 호주 선교사를 통하여 130년을 넘어섰습니다. 그리고 그들의 이야기는 아직 많은 부분 숨겨져 있고, 이제야 조금씩 우리 사회에 알려지고 있습니다.

특별히 이번에 벨레 멘지스를 비롯한 마가렛 데이비스, 데이지 호킹 3분의 선교사께서 호주인 최초로 독립유공자로 선정된 것은 한·호 우호 관계에 뜻깊은 일이 아닐 수 없습니다.

광복회 호주지회가 수년 동안 추진해 오던 호주 선교사 공적 발굴 사업이 이렇게 결실을 보게 되었고, 2022년 3.1절에 3분 모두 포상이 된다는 소식을 접하고 얼마나 반가웠는지 모릅니다.

벨레 멘지스는 1950년 한국전쟁 시 미국에 이어 두 번째로 파병했고, 1961년 한·호 국교를 수립했던 전 호주 연방 총리 로버트 멘지스의 고모라는 사실은 우리의 마음을 더욱더 뜨겁게 만듭니다. 고모의 한국에 대한 헌신과 사랑이 조카에게까지 전달되었을 거라는 사실은 합리적인 추론입니다.

오랫동안 호주 선교사에 관한 자료 발굴과 집필을 해온 양명득 목사님의 노고에 진심 어린 감사의 인사를 드립니다. 양 목사님의 노력으로 이름도 빛도 없이 한국의 많은 여성 지도자를 배출한 부산진일신여학교의 설립자이자 그리고 고아들의 어머니인 벨레 멘지스의 이야기가 역사의 기록으로 남게 되었고, 그 이야기가 후손들에게도 전해지게 되었습니다.

양 목사님의 호주 선교사 연구와 출판 작업을 응원하며, 그 열매가 한·호 선교를 넘어 한국과 호주의 포괄적 전략 동반자 관계에도 큰 도움이 되기를 기원합니다.

호주 시드니에서,
황명하
광복회 호주지회장
(Myung Ha Hwang,
President, Heritage of Korean Independence in Australia Inc.)

푸른 눈의 여전사를 동경하며

3.1운동과 대한민국임시정부 수립 100주년 즈음에 잊혔던 독립운동가들이 주목을 받았다. 늘 독립운동을 이끌었던 지도자 대열에 섰던 인물에 관심을 두었지만 이제야 독립운동의 다양한 주인공이 관심을 받게 된 것이다. 그 가운데 꼭 기억해야 할 이들이 바로 푸른 눈의 여성 독립운동가들이다. 지구 반대편에 있는 나라, 호주에서 1889년 헨리 데이비스 목사가 파송되고 이어서 선교, 교육 활동으로 자유와 평화의 불을 지핀 여선교사들은 한국 여성에게 희망의 빛을 선물했다.

1892년 맨지스 양과 페리 양은 3명의 고아를 자기 집으로 데리고 가서 한국인을 위한 선교사를 만들기 위해 어린아이들을 교육시켰는데, 그 뒤 많은 소녀들이 모여들었고, 조그만 고아원은 1895년에 주간학교(晝間學校)를 차리게 되었으니 이 누추하고 보잘것없는 시작이 날로 번창하므로 학교 이름을 일신(日新, Daily-New)이라 부르기로 하였다.
- 東來學園 100年史 중에서 -

푸른 눈의 여선교사들은 나라를 잃은 우리나라에서 한국인의 고통을 함께 나누고 감내하면서 독립운동에 기여한 분들이다. 그동안 무관심했던 선교사들의 희생과 독립 정신을 기억하기 위해 의지를 가진 사람들이 모이기 시작했다. 멘지스, 데이비스, 호킹 선교사가 3.1운동 당시 학생들을 인솔하고 독립운동에 참여한 정황을 확인하기 위해 2018년 말부터 한국여성독립운동연구소에서는 관심을 가지고 추적했다. 2019년 호주 선교사의 기초자료를 수집했고, 2020년 광복회 호주지회(황명하 회장)와 업무협약을 체결한 뒤 독립운동가로 추서하기 위한 한국과 호주에서 노력은 시작되었다.

호주 여선교사의 활동은 종교 활동에 국한되지 않았다. 인간 본연의 자유의지, 존중, 사랑, 조국애, 평화를 끌어내기 위해 부산진 좌천동에 3간 초가를 구입하고 3명의 여(女)고아를 양육하는 '미우라 고아원'(Myoora Orphanage)을 설립했다. 유교적 보수성이 강했던 영남 지방에서 배움에 목말랐던 소녀들은 모여들기 시작했고 주간학교 개설, 소학교 건립으로 이어졌다. 이방인의 희생으로 한국 여성의 강렬한 독립 의지는 1919년 3.1운동에서 불꽃으로 타올랐다.

만세시위를 준비하는 과정에 일신여학생들과 태극기를 그리고 깃대를 만들었고, 만세시위 대열에 선 학생들의 희생을 염려해서 동행했고 일본 경찰에 잡혀갔다. 외국인 신분으로 불구속 기소가 되었지만, 여선교사의 동행은 여학생들에게 결코 혼자가 아니라는 것을 행동으로 보여주었다. 부산 일신여학교에서 한국인 교사와 여학생들이 잡혀가고 투옥되었지만, 호주 선교사의 외국인 면책은 그들의 마음을 더욱 힘들게 했을 것으로 생각된다.

이번에 출간되는 멘지스 여사를 비롯한 호주 선교사의 이야기가 앞으로 한·호 관계를 넘어서 세계역사에서 자유와 평화를 사랑한 이들의 역사로 길이 기억되길 바란다. 멘지스, 데이비스, 호킹 선교사 세 분을 서훈시키기 위해 꾸려져 100장이 넘는 그분들의 기록과 독립운동 행적을 찾는데 수고한 연구소의 서경순 박사, 심민정 박사, 심지희 연구원, 정미림 연구원의 아낌없는 노고에 감사하는 마음을 함께 담는다. 어떤 대가를 바라지 않고 쉼 없이 달려온 팀원들의 노력과 황명하 회장님을 비롯한 광복회 호주지회 한인들의 노력이 서훈 확정이라는 기적을 만들 수 있었다.

독립운동은 칼과 총으로 싸우는 것만이 아니다. 독립 의지의 불꽃이 식지 않도록 함께 그 불씨를 이어가고 살려낸 마음과 의지가 모여 독립운동은 이어졌고 지속될 수 있었다. 대한민국 광복에 기여한 호주 선교사의 희생을 생각하며, 2022년 3월 1일 서훈되는 멘지스, 데이비스, 호킹 선교사 세 분과 그 후손분께도 인사를 전한다. 더불어 오랜 시간 동안 본 도서 출간을 위해 수고하신 양명득 박사께도 감사의 마음을 전한다.

심옥주
한국여성독립운동연구소 소장

멘지스 '보물찾기'

본 도서 출판을 위하여 도움을 주신 분들이 있습니다. 부산진교회 역대 역사위원장 김경석 장로님은 계속되는 연구와 집필로 소중한 자료를 나누어 주셨고, 문두호 장로님은 지속적인 관심으로 격려하며 영감을 주셨고, 김연기 장로님은 긍정적인 지지와 행정적으로 도움을 주셨습니다. 또한 멘지스에 관한 이야기를 함께 찾으며 '멘지스 보물찾기'로 수고한 문서림 집사께도 감사를 드립니다. 무엇보다도 벨레 멘지스와 가장 친밀하고 관계가 깊은 부산진교회가 본 도서를 출판하게 되어 기뻐하며, 신충우 담임목사님과 더불어 온 교회에 깊은 감사를 드립니다.

양명득

호주선교동역자

호주와한국문화연구원 원장

차 례 Contents

|부| 벨레 멘지스의 편지, 보고서, 신문 기사
Letters, Reports, Newspaper Clips of Belle Menzies

II부 | 호주 선교사 벨레 멘지스
The Australian Missionary Belle Menzies

I부

벨레 멘지스의
편지, 보고서, 신문 기사

Letters, Reports, Newspaper Clips of
Belle Menzies

1. 벨레 멘지스의 출생

　이사벨라(벨레) 멘지스는 1856년 호주 빅토리아주 발라렛 지역에서 출생하였다. 그녀의 부친 로버트와 모친 엘리자베스는 스코틀랜드에서 태어났으며, 부친은 1855년 호주에 이민하였다. 그는 빅토리아에서 엘리자베스를 만나 그다음 해 결혼하고, 첫 자녀인 이사벨라, 즉 벨레를 낳았다.

　1850년대 발라렛에서 시작된 골드 러쉬(금광 열풍)로 멘지스의 가족도 발라렛에 정착하였다. 부친 로버트도 처음에는 광부였다가 후에는 금을 캐는 광부들에게 도구와 기계를 판매하는 작은 상점을 운영하였다. 이들은 모두 10명의 자녀를 두었는바, 네 번째 아들, 즉 벨레의 남동생이 제임스였고, 그의 아들은 후에 호주 수상이 되는 로버트 고든 멘지스이다.

The Menzies Family

부 Robert Menzies (로버트 멘지스, 1831~1879)	모 Elizabeth H Band (엘리자베스 밴드, 1834~1911)

$$\downarrow$$

장녀	Isabella(벨레 멘지스, 1856~1935)
형제자매	Hugh
	Robert
	John
	Mary
	James
	Francis
	William
	Margaret
	Hendry

► 제임스의 아들 로버트 멘지스(Robert Gordon Menzies)는 후에 제12대 호주 연방 수상(The 12th Prime Minister of Australia)이 된다.

2. 모친의 영향

멘지스의 모친은 발라렛 기도 모임에 정기적으로 참여하면서 모임을 인도하던 기도의 사람이었다. 멘지스는 그런 신앙의 어머니 영향 아래 성장하면서, 1850년대 발라렛에 설립된 샌 앤드류교회에 참석하였다. 그녀는 그곳에서 세례를 받았다.

1879년 멘지스의 부친이 폐렴으로 갑자기 사망하자 가족은 경제적인 어려움을 겪었다. 멘지스는 발라렛 웨스트 다나 가에 살면서 모친을 도와 가정을 운영하였고, 그녀에게 큰 힘이 되는 장녀였다. 멘지스는 에라드스트릿학교를 거쳐 사설 신학교육 기관에서 공부하였다.

샌 앤드류교회, 발라렛(St Andrew's Church, Ballarat)

3. 에베네저교회 주일학교 교사

멘지스는 후에 에베네저교회를 출석하였고, 주일학교 교사로 봉사하였다. 그녀의 영향을 받은 학생 중에 로버트 왓슨이 있었고, 후에 그도 선교사로 부름을 받고 한국 통영으로 파송되었다.

에베네저교회는 1851년 빅토리아주 발라렛에 설립되었고, 빅토리아주의 여러 장로교 교단이 빅토리아장로교회로 연합한 것을 기념하여 1862년 현재의 블루스톤(검은 현무암)으로 된 교회당을 건축하였다.

멘지스 교사 출석부, 에베네저교회 주일학교
(Menzies' Sunday School Record Ebenezer Church, 1889)

에베네저교회, 발라렛(Ebenezer Church, Ballarat)

4. 빅토리아여선교연합회 지부 첫 총무

멘지스는 에베네저여선교연합회의 첫 총무가 되어 발라렛 지역 전
도와 해외선교 지원에 앞장을 섰다. 당시 발라렛은 금광으로 인하여
많은 외지인이 유입되었고, 일인당 국민 소득이 가장 높은 도시 중의
하나였다.

밸러랫 중심가(Ballarat, 1904)

5. 한국 선교사를 구함

> 한국 선교사를 구함. 간호에 어느 정도 경험이 있고, 상식이 있어야 함.

(빅토리아여선교연합회가 낸 광고를 본) 벨레 멘지스가 한국 선교에 지원을 하였다. 그녀와의 인터뷰와 건강검진은 만족스러웠고, 그녀에게 가정 간호 과정을 밟도록 하였다. "그것이 한국에서의 선교사역에 도움이 될 것이다"(빅토리아여선교연합회 임원회 회의록, 1891년 6월).

이 일을 위하여 카메론 목사가 연합회를 대신하여 발라렛병원 관계자에게 특별한 청원을 하기로 하였다. 임원회는 또한 그에게 멘지스가 "장차 선교사역을 할 때 성경 지식을 어떻게 잘 전할 수 있을지 지도하도록 하였다."

(텔스마, 27)

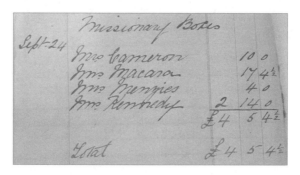

멘지스와 미션 박스(Menzies & Mission Box, 1889)

벨레 멘지스(Belle Menzies)

Miss Isobel Menzies had been doing evangelistic work in Ballarat. Following her interview and health certificates being found satisfactory she undertook a course of home nursing "that would be of assistance to her as a missionary to Korea."

The Rev. C. Cameron was asked, as a spokesman for the union to approach the Ballarat Hospital authorities for their special favour. The Executive also asked that he would undertake to tutor Miss Menzies on "how best to impart scriptural knowledge in her future work."

(Telsma A, *There were Many Women*, 1991, 27)

▶ 빅토리아여선교연합회는 빅토리아장로교회 내의 여선교회가 연합하여 1890년 설립 되었고, 당시 뉴 헤브리디스(현재의 바누아투)와 한국에 집중적으로 여성 선교사를 파 송하였다.

6. 멘지스 선교사 파송 예배

파송 예배 순서

■ 한국 선교사: 매케이 부부, 페리, 멘지스, 퍼셋

■ 호주원주민 선교사: 워드 부부, 니콜라스 헤이

일시: 1891년 8월 28일 오후 7시 30분 / 장소: 스코트교회

사회: 호주장로교회 총회 총회장 / (오르간: 에디슨 씨)

묵도 / 다같이

찬송 / 다같이

기도 / 하디 목사

선교보고 / 로버트 길레스비(남청년친교연합회 회장)

한국 선교 소개 / 맥라렌 목사(빅토리아여선교연합회)

원주민 선교 소개 / 사무엘 로빈슨 목사

격려사 / 렌토울 박사

말씀 / 총회장

응답 / 제임스 매케이 목사, 깁슨 워드 목사, 멘지스, 페리, 퍼셋

찬송 / 다같이(아름답도다 좋은 소식을 전하는 자들의 발이여)

축도 / 사회자

폐회 / 다같이

(「더 아르거스」, 1891년 8월 29일, 토요일, 6)

▶ 「더 아르거스」의 기사 내용을 기반으로 예배 순서를 재구성한 것임.

The Presbyterian Mission
Work in Korea and amongst the Aboriginals

A missionary meeting in connection with the Presbyterian Church of Victoria was held last night, at Scots Church, to set apart and send forth to the Korean Mission the Rev. and Mrs. J. H. Mackay, with Misses Perry, Menzies, and Faucett...

The meeting was a very large one, and was presided over by the moderator of the General Assembly...

Mr. Robert Gillespie, the president of the Young Men's Fellowship Union, expressed sympathy with the Korean Mission, and more especially with Mr. and Mrs. Mackay and appealed to all to support this lady and gentleman in the heroic work they were about to undertake.

The Rev. S. V. M'Laren made a statement on behalf of the Presbyterian Women's Missionary Union, which, he said, was formed about a year ago, and was to be carried on by women for heathen women.

Already the success of the union had been extraordinary. There were now 25 congregations connected with it, but the ladies hoped before long to have all the congregations of the church connected with their society. Prayer was one prominent means by which the ladies conducted their work, and they had already collected £350...

(*The Argus*, August 29, 1891, 6)

스코트교회, 멜버른(Scots Church, Melbourne)

조선의 어둠을 밝힌 첫 호주인 여선교사 벨레 멘지스

7. 에베네저교회 환송회

조선의 선교사로 발라렛을 떠나는 멘지스 양을 위한 흥미롭고 열정적인 환송회가 어젯밤 에베네저장로교회에서 열렸다. 많은 교사와 친구들이 이 모임에 참석하였다.

카메론 목사가 사회를 보았고, 제직들이 참여하였다. 케네디 목사와 패터슨 씨가 참석하지 못하게 되어 사과의 메시지를 보내왔다. 카메론 목사는 지금까지 호주의 장로교 역사에 8명 이상이 이방인 선교에 나선 것은 중요한 사건임을 강조하였다. 그중 5명이 조선으로 갔으며 또 그중에 4명이 발라렛 지역의 사람들이라고 하였다.

그는 말하기를 교회가 선교사들을 파송할 수 있어서 영광이라 하였고, 에베네저교회로는 가장 신실한 사역자 중 한 명을 포기하고 부름에 응답하게 한 것이 영광이라 하였다. 그는 교회의 청년들도 이방 땅에서의 부름에 진지하게 고민할 것을 촉구하였다.

카메론 목사의 아름다운 권면 후에 그는 제직과 교인들을 대신하여 수표를 전달하였고, 멘지스의 친구들도 그리스도를 위한 그녀의 사역에 축복을 빌어 주었다.

앤더슨 씨는 주일학교 교사와 학생을 대신하여 멘지스는 능력 있고 효율적인 교사라고 언급하고, 격려 문구가 담긴 책을 증정하였다. 동료 교사들은 높은 존경심의 표시로 금화가 담긴 지갑을 선물하였다.

멘지스는 답사에 자신을 향한 친절함과 사랑에 감사를 표하였다. 또한 청년들에게는 그리스도 예수를 위하여 헌신할 것을 호소하였다.

환송회 중간에 참석자들은 함께 차를 나누었다. 그 후 사회자는 발라렛

여선교연합회의 클라크 양을 소개하였다. 그녀는 그들의 전임자인 멘지스에게 멋진 금 연필을 선물하였다. 사회자는 교회를 대신하여 그녀에게 감사를 전하였다.

파커 씨, 보우 씨 그리고 그레이 씨도 격려사를 하여 젊은 선교사에게 용기를 더 하였다.

기억에 남을 환송회는 선교적인 찬송과 기도로 폐회하였다. 멘지스는 발라렛의 많은 친구와 동료들과 악수하며 고별하였다.

(「더 발라렛 스타」, 1891년 9월 9일, 2)

A FAREWELL MEETING.

Last night an interesting and enthusiastic farewell meeting was held in Ebenezer Presbyterian Church, given in honor of Miss Menzies, on the eve of her leaving Ballarat as a missionary to the Corea. There was a large attendance of teachers and friends. The Rev. C. Cameron occupied the chair, and was supported by the members of session. Apologies were received from the Rev. R. Kennedy and Mr Patterson. In his remarks the chairman drew attention to the present time as an epoch in the history of Presbyterianism in Australia, when no fewer than eight missionaries were going out to the heathen mission fields. Five of these were going to Corea, four of whom were from the Ballarat district. He said the church was being honored in sending forth these workers, and they, as a congregation, were being honored in being called upon to give up one of their most faithful workers. He concluded by an earnest appeal to the youth of the church to think of the claims of the heathen world. He then read in the name of the session and members a beautiful address, and presented it, with a substantial cheque, to Miss Menzies as a token of esteem from her friends, and in doing so wished her every blessing in her work for Christ. Mr W. Anderson, superintendent, on behalf of the teachers and scholars of the Sunday school, spoke of Miss Menzies as an able and efficient teacher, and asked her acceptance of a book with a suitable inscription, accompanied by a purse of sovereigns, as a mark of the high esteem of her fellow teachers. In a few well-chosen words Miss Menzies returned her hearty thanks for the tokens of kindness and love bestowed upon her, and pleaded with the young people to yield themselves to Christ Jesus. During a short interval tea was handed round, and after the repast the chairman introduced Miss Clark, representing the Ballarat Y.W.P.U., who presented Miss Menzies, their former secretary, with a handsome gold pencil. The chairman returned thanks on her behalf. Mr T. W. Parker, Mr W. Bowe, and Mr R. Gray also spoke words of encouragement and cheer to the young missionary. A memorable meeting was brought to a close by singing a missionary hymn and prayer, after which Miss Menzies shook hands with her many friends and fellow-workers in Ballarat.

더 발라렛 스타(The Ballarat Star, Sept 9, 1891, 2)

8. 멘지스를 환송하다

　지난 토요일 저녁 세셀 가의 장로교회에서 장로교친교연합회 선교사 제임스 매케이 목사와 여선교연합회 선교사 퍼셋, 멘지스 그리고 페리의 환송식이 열렸다. 지역 친교연합회의 윌리암스타운연합회 명예회장 존 클라크 목사가 집례한 이 모임에 많은 사람이 참석하였다.

　전킨 목사와 라마지 씨가 인도한 예배 후에 회장은 친교연합회가 시작된 지난 3년 동안의 선한 일들을 소개하였다. 이 연합회는 현재 70개의 지부가 있고, 1,600명의 회원이 있다. 친교연합회는 지난 3년 동안 발라렛의 샌 존스교회의 목사였던 매케이를 임명하였는바, 연합회의 한국 '순교-개척자' 데이비스 목사의 뒤를 잇게 하는 것이다.

　여선교연합회는 최근에 창설되었는데 퍼셋, 멘지스 그리고 페리를 선택하여 매케이 부부와 함께 선교지로 보내는 자리였다. … 교회의 영적인 생활은 이방인들을 위한 선교사적 열정 속에서 항상 드러난다. 한국은 아시아 동쪽, 황해의 북쪽 해안의 거대한 반도이며, 중국과 일본에 매우 중요한 위치에 자리하고 있다. 그 땅의 면적은 빅토리아와 거의 같고, 인구는 여러 통계가 있지만 아마 9백만 명일 것이다. … 희망하기는 이것이 새 선교지에서 하는 그의 일을 상징하는 것이며, 먼 한국 땅에서 도구로 쓰이는 그와 그의 동역자들을 통하여 위대한 일을 기대하게 한다.

（「윌리암스타운 더 크로니클」, 1891년 9월 5일, 3)

센 앤드류스장로교회, 윌리암스타운(St Andrew's Presbyterian Church, Williamstown)

9. 부산에 도착하다

  우리의 첫 선교사들은 1891년 10월 12일 부산에 도착하였다. 멘지스 양, 페리 양 그리고 퍼셋 양이었고, 퍼셋 양은 후에 결혼하고, 페리는 독립적으로 일하게 된다. 1892년 무어 양이 멘지스와 합류하였고, 1895년에는 엥겔의 아내가 되는 브라운 양도 합류한다. 이들이 1890년대의 우리 직원들이었다.

(엘리자베스 캠벨, 『호주장로교 한국 선교 설계자들』, 2020, 181-182)

  Out first little band arrived in Fusan on 12th October, 1891 – Miss Menzies, Miss Perry, and Miss Fawcett; later Miss Fawcett married and Miss Perry took up independent work, but Miss Menzies was joined by Miss Moore in 1892, and by Miss Brown(Mrs. Engel) in 1895, and they composed our staff through the 90's.

(*Campbell E*, 1940, 29)

멘지스 일행 일군사의 부산항(Busan Harbor, 1889년경)

10. 하디 박사의 집에

멘지스 양과 페리 양은 하디 박사의 집에 머물기로 막 결정을 하였다. 그러므로 이들은 부산에 편안하고 영구적인 거주지를 얻은 것이다. 이들이 이제 자리를 잡았다고 생각해도 될 것 같다.

그러나 나는 이들을 위하여 집을 우리의 집이 세워지는 시기에 같이 지을 것을 강하게 촉구한다. 이 둘은 서로 다른 시간을 이용하면서 혼자 사는 것보다 함께 살 때 더 저렴하게 생활할 수 있다.

제임스 매케이, 1891년 10월 14일.

(「매케이의 편지 1891~1893」, 8)

멘지스 당시의 초가집(Korean House from Mackay's Letter, 1890s)

11. 조선어 공부

페리 양과 멘지스 양은 조선어 공부를 잘하고 있다. 그들은 하디
박사의 집에 머물고 있다. 우리는 퍼셋과 함께 이곳에서 최선을 다하
고 있다. 이런 날씨에 일본인 가옥은 매우 춥다. 귀하의 위원회가 곧
집 건축을 승인하기를 나는 희망한다.

제임스 매케이, 1891년 12월 11일.

(「매케이의 편지 1891~1893」, 14)

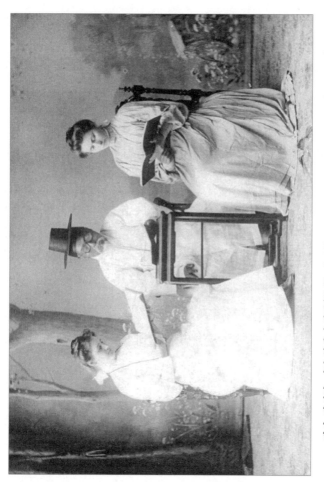

켈리, 박신연, 니븐 한국어 공부(Kelly & Niven, Korean Language Study, 1906)

12. 일신학교와 미우라고아원의 탄생

부산에서의 첫 학교는 선교사들이 처음 도착하고 얼마 안 되어 생겨났다. 1892년 멘지스 양과 페리 양은 세 명의 고아를 자신들의 집에 데리고 왔는데 '그들이 훈련을 받아 장차 그들의 민족을 위한 선교사가 되기를 희망'하였다.

얼마 안 되어 몇 명의 소녀들이 더 모였고, 낮에 운영되는 학교로 작은 '고아원'을 시작하였다. 보잘것없는 이 시작이 일신학교와 미우라고아원으로 발전하게 된다.

멘지스 양도 첫 세례를 받은 회심자의 도움으로 남학생들을 위한 학교를 시작하였다. 이 남학교는 엥겔 목사가 1900년 도착하여 운영하게 된다. 그는 5년 후에 55명의 남학생과 85명의 여학생이 등록한 것으로 보고하였다.

초기의 선교사들은 여학생 교육의 중요성을 강조하였는데, 멘지스 양은 다음과 같이 쓰고 있다. "국가가 발전하기 위해서는 아내와 어머니들이 교육되어야 한다."

(에디스 커, 『호주장로교 한국선교역사 1889~1941』, 2017, 79-80)

As noted, the first schools were opened in Pusan soon after the arrival of the first missionaries. In 1892, Miss Menzies and Miss Perry took three orphans into their home, "with a view to training them from their early years in the hope they may become missionaries to their own people."

More girls were soon gathered in and a day-school was begun in the little 'Orphanage'. From this humble beginning the Il Sin(Daily-New) school and the Myoora Orphanage were to develop.

Miss Menzies also started a school for boys with the help of the first baptized convert as teacher. When the Rev. G. Engel arrived in 1900, he took charge of the boys. Five years later he reported 55 boys and 85 girls enrolled in the schools.

The early missionaries felt it was important to emphasize education for girls for, as Miss Menzies wrote, "to elevate a nation the wives and mothers must be educated."

(Kerr, E, *The Australian Presbyterian Mission in Korea 1889~1941*, 1970, 47-48)

13. 새집

멘지스 양은 원래 현재 그들의 거주지를 확장하고 방을 통풍시켜 영구적인 집으로 만들려고 하였다고 설명하였다. 신청한 24파운드는 그 목적이었다. 그러나 변경된 새집의 계획으로 그 기금이 더는 필요치 않다. 현재 그 여성들이 거주하는 곳은 모임을 하기에는 좋지만, 영구적인 집으로 삼기에는 매우 적절치 않다.

제임스 매케이, 1893년 6월 1일.

(「매케이의 편지 1891~1893」, 31)

Miss Menzies explains that she originally thought of turning their present dwelling place into a more permanent house by enlarging and ventilating the rooms. The £24 was for this purpose: but the altered plan viz a new house renders the above sum uncalled for.

The house the ladies now live in is well suited for meetings but quite unsuited to be a permanent home.

James Mackay

June 1, 1893

(James Hannah Mackay, *Presbyterian Mission in Corea, Some Letters*, 1891~1893, 31)

14. 첫 여성 방문자 귀주

한국인 여성들은 우리 여성 선교사들을 매우 환영하였다. 첫 번째 방문자는 귀주였는데, 그녀는 우리 여성들이 도착한 그다음 날 방문하였다. 그녀는 1894년 세례를 받았고, 선교사들에게 훌륭한 조력자가 되었다. 그녀는 계속하여 이웃과 친구들을 데리고 와 '예수 사설'을 듣게 하였다.

(텔스마, 27)

▶ 멘지스와 여선교사들의 전도로 부산과 경남 지방의 첫 수세자가 된 사람은 귀주(귀한 진주), 이도념(정결한 도) 그리고 심상현(서로 밝음)이다.

The Korean women made the women workers very welcome. The first visitor Qui-cho who visited the mission the day after the ladies arrived, was baptized in 1894 and became a wonderful assistant to the missionaries as she continued to bring neighbors and friends to hear "the Jesus message."

(Telsma, 27)

15. 멘지스와 한영신의 만남

가을도 끝나가는 무렵, 매일 추워지는 날씨가 마음 쓰이는 어느 날의 일이었다. 아직 저녁 붐비는 시간이 되기 전이어서 시장은 한산하였다.

"괴물이다."

누군가가 소리를 질러서 모두의 눈이 시장 입구 쪽으로 향하였다. 거기에는 날씬한 금발의 여성이 혼자서 걸어오고 있는 것이었다. 그 무렵 서양사람이 보인다는 것을 들은 적이 있지만 실제로 만난 것은 처음이었다. 세상에는 이렇게 다른 인간도 있는가 하고 영신은 이 외국인을 바라보게 되었다.

"아주머니 안녕하세요?"

영신의 귀에 꿈에서도 본 적이 없는 그 여성의 음성이 들렸다. 가슴이 두근두근하고 얼굴이 새빨개져서 아무 대답도 하지 못했다. 아직 누구와 얘기를 하고 있는가가 분명치 않아 보였다.

"여기에 행복해지는 길이 있습니다. 예수 그리스도를 믿으십시오. 그러면 구원을 받습니다."

시장 사람들이 영신이 있는 곳으로 모여들었다. 서양 여자는 소리를 높여 말을 계속하였다.

"저는 멘지스라고 합니다. 사랑하는 여러분, 좋은 소식을 가지고 왔습니다. 좌천동에 예배당이 있습니다. 여러분이 예배당에 오셔서 예수님의 얘기를 들어 주십시오."

더듬거리지만 확실한 한국어로 말하는 것을 모든 사람은 불가사의하게 듣고 있었다.

"예수가 누구야?"

전국 팔도를 전부 걸어 다니면서 보고 들은 것이 많은 약방 아저씨가 말했다.

"시골 중이 무엇을 하는 모양이지."

"잘 몰라도 서양 신의 이름 같은데…."

"그 예수가 무엇을 하는데."

"예수를 믿으면 이익이 있다고 선전을 하지만 진짜로는 정신을 팔게 한대. 그래서 모여든 사람들에게 돈을 뺏거나 아이를 인질로 하여 여러 가지 협박을 할 거야."

"내가 최근 서울에 갔을 때 예수교의 의사가 왕비 마마의 병을 낫게 했다고 들은 일이 있어. 그래서 예수 전도가 자유롭게 되었다고…."

"평양에서는 예수 믿는 사람이 어린아이의 눈을 뽑아서 약을 짓는데 친한 서양 귀신에게 아이를 뺏기지 않도록 주의해야 한대요."

"우리도 조심하지 않으면…."

그런 얘기를 들으면서도 영신은 왠지 멘지스의 상냥한 태도가 마음에 와닿았다. 그 눈은 어린 시절 따뜻한 어머니의 눈매와 닮아 있었다. 자신에게 "아주머니는 행복하십니까?"라고 한 말이 영신의 머리에서 떠나지 않았다. 그런 행복이 자신에게 과연 있기는 한 것인가? 첩을 끼고서 영신은 돌아보지도 않는 남편, 앓아누워서도 속으로 자신을 미워하는 시어머니, 어디에도 맡길 곳도 없는 다섯 딸, 그날그날의 끼니를 때우기에 급급한 가난한 생활, 자신에게는 행복이라는 것은 없다고 생각되었다. 그도 저도 모두가 전생의 업이라고 체념하고 있었다.

'그 사람이 예배당에 가면 행복해질 수 있다고 말했지. 정말 그런 일이 있을까?'

'일부러 거짓말을 하면서 돌아다닐 리는 없어.'

'소용없는 짓이라도 한번 가볼까.'

'아니야. 어쩌면 이런 일로 외국에라도 끌려가는 것은 아닐까? 서양사람은 무섭다고 모두가 말하고 있잖아.'

'그런 악한 일을 할 사람으로는 보이지 않았어. 그 눈빛은 매우 상냥한 것이었지.'

영신은 밤잠을 이루지 못하면서 자문자답하였다. 그래도 예배당을 가볼 용기는 나지 않았다.

(김영, '복음의 씨앗', 『부경 · 교회사 연구』, 부산 · 경남기독교역사연구회, 제81호, 2019. 9, 98-100)

▶ 한영신은 멘지스의 전도를 받아 1901년 2월 10일 엥겔로부터 세례를 받았다. 그녀의 딸들은 일신여학교에서 공부하였고, 그중 하나(귀주 혹은 귀염)는 후에 여성 지도자이자 독립운동가가 되었고, 아들 성봉은 후에 부산 시장과 농림부 장관을 역임하였다.

16. 시장 전도

겨울이 되어 추위가 심해지자 영신의 고생도 늘어났다. 콩나물이 얼지 않게 하려고 면을 넣은 포대기를 둘러야 했고, 노점 상인들은 옹 기종기 모닥불 근처에서 몸을 녹이고 있었다.

"이것 봐. 그 사이에 괴물이 다시 왔네."

정말 바로 그때 멘지스 선교사가 예전의 상냥한 미소를 머금고 나 타났다. 그날은 다른 한 사람의 외국인 남자도 같이 있었다.

"그래. 이번에는 예수쟁이 녀석이 거저 돌아갈 수 없게 할 거야. 여 기에 자꾸 오면 곤란하니까."

완력에 자신 있는 기름집 아저씨가 일어섰다.

"형씨, 나는 나쁜 사람이 아닙니다."

"흥, 이전같이 괴물에게 빌려줄 귀는 없어. 앞으로 여기 다시 한번 온다면…. 알아차려."

옆에 있던 남자 외국인이 더듬거리는 한국말로 무엇인가를 말하려 고 했다.

"예수… 믿으세요. 교회에…."

말이 끝나기도 전에 기름집 아저씨가 즉시 그 사람의 목덜미를 붙 잡고 주먹을 날렸다.

"그만하세요. 예수님은 여러분을 사랑하십니다. 우리도 여러분을 사랑합니다. 모레는 크리스마스입니다. 예수님이 탄생하신 날입니다. 예배당에 오십시오."

부산진시장과 호주선교부 건물 (Busanjin Market Place & Australian Mission House, 1906)

멘지스 선교사는 달라지지 않는 미소를 띠며 교회의 위치가 쓰인 종이를 모두에게 건넸다. 남자도 방금 얻어맞은 것이 유감스럽지 않은 듯이 빙그레 웃었다. 뭔가 다른 사람들이라고 영신은 의아해했다. 그래서 만나본 적도 없지만 자기를 사랑해서 행복하게 해 줄 수 있는 예수의 탄생일에 예배당에 가보고 싶다는 생각이 살짝 들어서 외국인에게 받은 종이를 깊게 감추어 두었다.

(김영, '복음의 씨앗', 『부경 · 교회사 연구』, 부산 · 경남기독교역사연구회, 제81호, 2019. 9, 100-101)

17. 영신의 첫 예배

멘지스가 가르쳐 준 바와 같이 좌천동의 밋밋한 언덕을 올라간 곳에 교회가 금방 눈에 띄었다. 뜰이 넓은 'ㄷ'자 모양의 큰 한옥에 '부산진 예배당'이라고 쓰인 간판이 달려 있었다. 입구에서 누군가와 얘기하고 있던 멘지스가 뜰에서 서성거리고 있는 영신을 보자마자 즉시 뛰어와서 기쁘게 맞이하였다.

"정말 잘 오셨습니다."

추위에 튼 영신의 손을 남자같이 큰 손으로 덥석 잡았다.

멘지스의 안내로 넓은 방에 들어서니 이미 스무 명이 넘는 부인들이 앉아 있었다. 영신 일행이 들어서자 조금씩 몸을 움직여서 앉을 공간을 마련해 주었다.

영신은 모여 있는 사람들을 주의 깊게 살펴보았다. 어느 한 사람도 입을 열지 않고 몸도 움직이지 않았다. 눈을 감고 기도를 하는 사람도 있는가 하면 책을 열어서 읽고 있는 사람도 있었다. 상당히 엄숙한 분위기여서 자신이 온 장소도 모르는 것 같은 분위기였다. 부인들이 모여 있는 온돌방에 이어져서 칸막이가 있고 멘지스와 전날 눈을 마주친 적이 있는 남자와 그 외 세 사람의 서양 여자가 의자에 걸터앉아 있었다.

멘지스가 테이블 앞에 서자 모두가 자세를 바로 하고 마음을 가다듬었다. 영신이 들은 적이 없는 노래를 모두가 크게 불렀는데 멋있다고 느꼈다. 찬송가를 들은 것도 처음이었다. 크고 흰 베에는 무엇인가 쓰여 있었고 그것을 보면서 노래를 하였는데 글자를 읽지 못하는 영신은 불안해지는 것이었다. 맞은편 방에 있는 남자들의 노래를 들으며 매우 놀랐다. 유교 전통이 강한 사회이어서 '남녀칠세부동석'으로 가르침을 받았는데 이곳에도 남녀의 방이 따로 마련되었다.

5인의 서양인 중에서 유일한 남자인 잉글 목사(엥겔 목사-편저자 주)는 아직 책을 배우는 정도의 초보 한국어로 설교를 시작하다가 이내 멘지스가 통역하는 방식으로 바뀌었다. 멘지스의 한국어도 그다지 유창한 것이 아니어서 말하고 있는 의미를 남김없이 알아들을 수 없었다. 언제 끝나는가를 살피고 있는 영신에게는 상당히 긴 예배였다. 그래도 몇 가지의 말이 마음에 남아서 영신은 예배 중에 그것을 계속 생각하게 되었다.

간신히 예배가 끝나자 지금까지 조용히 앉아 있던 부인들이 갑자기 변해서 미소를 띠며 즐겁게 얘기를 시작했다. 멘지스가 영신과 수혜를 신도들에게 소개한즉 여러 사람이 가까이 와서 말을 걸었다. 그래서 일요일에도 예배가 있다는 것과 수요일에는 기도회가 있다는 일, 성경이나 찬송가는 어떤 것인가 등을 가르쳐 주었다. 달력도 시계도 없는 영신을 위해 가까이 사는 박씨 부인이 인도하겠다고 나서기도 하였다. 영신은 속으로 큰일 났다고 생각하면서 또한 이후에 다시 올 수는 없을 것으로 생각하였다. 그러나 친절한 교인들에게 완전히 감격스러운 생각이 들었다. 돌아오는 길은 뼛속까지 시린 추위였지만 반대로 영신의 마음속은 따뜻해지는 것이었다

(김영, '복음의 씨앗', 『부경·교회사 연구』, 부산·경남기독교역사연구회, 제81호, 2019. 9, 103-105)

무어, 멘지스, 브라운(Moore, Menzies, Brown, 1894)

18. 멘지스 언어 선생 심상현

한국어에 관한 지식과 이해 부족은 큰 핸디캡이었지만, 언어 교사 심서방(심상현)을 채용하고부터는 극복되었다. 그는 첫 번째 회심자가 되었다.

(텔스마, 27)

심상현은 유학에 조예가 깊고 전통적 양반 출신인데, 어떤 연고로 1891년 부산에 온 호주 선교사 멘지스의 한국어 어학 선생이 되었다. 그는 2년간이나 호주 선교사의 어학 선생을 하였다. … 심상현은 2년 간 어학 선생을 한 후에 일신여학교의 교사가 되었다. 그는 한문 성경을 읽고 멘지스 선교사와 교제하는 중에 믿음의 확신을 얻고 세례를 받게 되었고, 그는 자기 가족까지도 교회로 인도하려고 노력하였다.
　　진윤희

(『오직 예수』, 1996, 16)

►『오직 예수』 저자의 모친은 심순의, 친조부는 심상현의 동생 심취명 목사이다.

심상현 부부와 심취명(뒷줄)(Sim's Family, 1894)

19. 호주에 한국을 소개하다

한국에서 전쟁이 시작된 이후 그곳의 사람들, 그들의 제도와 습관 등에 대한 궁금증이 더해지고 있다. 그곳에 선교사들이 몇 년 동안 일하고 있는바, 우리 도시도 2-3명의 일꾼을 보내어 기쁜 소식을 전하고 있다. 그러나 그곳이 이방인의 땅이란 것 외에는 알려진 것이 거의 없다.

장로교회의 지원으로 그곳에서 일하고 있는 벨레 멘지스 양은 다나 가의 자신의 모친 멘지스 여사에게 서울에서 발행한 『코리안 레포시토리』라는 책을 보내왔다. 이 책에서 우리는 한국인들이 흥미로운 사람들이란 정보를 알 수 있다.

사실 부모와 자식, 임금과 백성의 관계는 우리가 그들의 법과 규정 일부분을 따르는 것도 좋을 만한 것이다.

(「더 발라렛 스타」, 1895년 5월 18일, 5)

▶ 이 신문은 당시 「조선휘보」(한국 최초의 영문 월간잡지)에 실린 조선의 부모와 자식의 관계, 왕과 양반의 예절, 부부 역할의 차이, 노인과 청년의 위계, 친구와 친구의 신의 등을 인용하며 설명하고 있다.

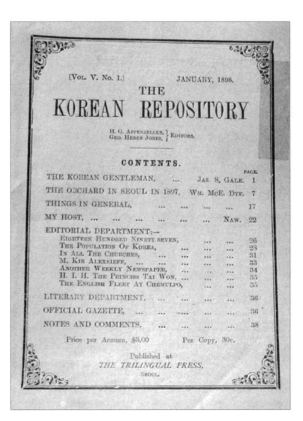

조선휘보(Korean Repository, 1898)

20. 결혼 중개

심취명의 부모는 아들 상현의 수세와 갑작스러운 죽음을 통해 이미 신자가 되어 있었으나 꼭 신자를 며느리로 맞아들여야 한다고는 생각하지 않았다. 도리어 부유한 양갓집 처녀를 생각하였고, 아들 취명과는 의논도 없이 며느리를 정하여 결혼시키려 하였다. 그러나 심취명은 불신 결혼을 완강히 거부하였고, 교회 출석하는 여성을 구할 때까지 결혼하지 않겠다고 버텼다. 이렇게 되자 부모는 크게 실망하기도 하였으나 아들 취명의 고집을 꺾지 못하였다.

얼마 후 멘지스와 무어 선교사는 심취명의 부모를 설득하여 여자 성경반에 출석하는 한 여성을 며느리로 받아들이는 것이 어떻겠냐고 제안하였다. 며칠 후 심취명의 모친은 성경반 학습이 진행되는 날 저녁, 선교관에 와서 창가를 서성거리면서 내실을 훔쳐보았으나 마음에 썩 내키는 처녀를 찾지 못하였다. 그러나 아들 취명의 생각은 달랐다. 멘지스의 조언을 들으며 이들 가운데 한 처녀 곧 19세의 김봉숙을 아내로 맞기로 작정하였다. 처음에는 부모의 반대가 없지 않았으나 드디어 가족의 동의를 얻었다.

이렇게 되어 심취명은 예수를 믿는 처녀 김봉숙과 결혼하게 되었고, 이들 두 사람을 잘 아는 앤드류 아담슨 선교사는 부산 경남 지방에서의 첫 기독교 혼례식을 주례하였다.

(「더 메신저」, 1896년 11월 2일)

심취명과 김봉숙 결혼식(Sim & Kim Western Style Wedding, 1896)

21. 비숍이 본 멘지스 일행

혼잡한 신작로를 돌아 비좁고 더러운 골목으로 들어서면 전통 가옥이 있는데, 나는 그곳에서 이 쇠퇴하고 비참한 도시를 방문한 목적인 호주 부인들(멘지스 일행)을 발견했다. 그 초가집이 깨끗하다는 것을 제외하면 그 집은 그 주위의 다른 집과 다른 점이 없었다.

이 집 중 남향을 한 어느 집에서 부인들이 살고 있었다. 진흙 벽은 종이로 발려져 있었고 그림들과 유럽제 장식품들은 신선한 느낌을 주었다. 그러나 방들은 (천정이) 너무 낮아 부인 중 누구도 똑바로 서 있을 수 없을 뿐만 아니라 한국 여성들과 아이들이 밤낮을 가리지 않고 계속해서 이들을 찾아왔기 때문에 사적인 생활은 거의 불가능해서 옷차림조차 호기심의 대상이 되었다.

친구들은 부인들에게 유럽인들의 거주지에서 3마일 떨어진 한국인 마을에서 거주하는 것을 그만두라고 충고했다. 그곳은 안전하지 못하며, 그들의 건강은 빽빽한 이웃집에서 나오는 열기와 냄새 때문에 고통을 받을 것이라고 설명했다. 사실 그것은 안락한 일이 아니었다. 내가 처음 그들을 방문했을 때 그들은 평안하고 행복했다.

아이들은 그들의 치마에 매달려 있었고, 많은 여성에게 성품과 습관들을 깨끗이 하라고 설득하고 있었다. 모든 이웃은 친절했고, 길거리의 무례한 비난들도 그쳤다. 많은 여성은 그들에게 의료의 도움을 요청했고, 간단한 처방을 받고도 그들은 호의를 느꼈다. 매우 험난한 환경 속에서 한 해 동안 노력한 결과 이렇게 친절하고도 문화적인 결

멘지스, 무어, 페리의 초가집(Menzies, Moore, Perry in Busanjin, 1892)

과를 가져올 수 있었다.

만약 그들이 2.5마일 떨어져 있는 언덕의 웅장한 집에서 살았다면 그들의 활동의 결과는 아마도 보잘것없었을 것이다. 그러나 그들은 소란을 피우거나 나팔을 불지 않고 조용히 도움을 베풂으로 선교 방법에 있어 가장 어려운 문제 중 하나를 해결하였다. 적어도 동양에서는 사람들을 지도하고자 하는 모든 종교 교사는 그들과 함께 살아야 한다.

(이사벨라 비숍, 『Korea and Her Neighbors』, 런던, 1905, 22-24)

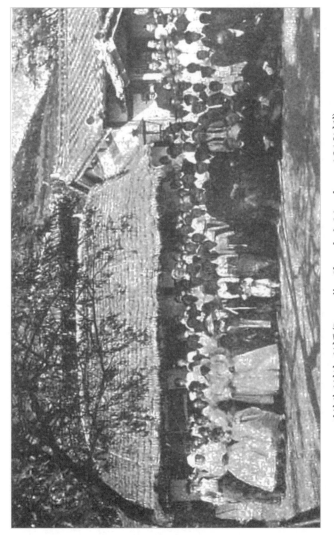

부산진교회와 교인들(Busanjin Church & Members, 1910년경)

22. 『조선예수교장로회 사기』의 기록

부산진교회가 성립하다. 선시에 여선교원 영국인 멘지쓰 양이 당지에 내왕하야 각양의 시험과 박해를 모하고 전도한 결과 신자가 계기하얏고 선교사 왕길지가 내왕하야 교회를 설립하니라.

(『조선예수교장로회 사기』, 대한예수교장로회 총회, 1928, 88)

▶ 『조선예수교장로회 사기』에는 부산진교회가 당회가 설립된 1901년을 설립 연도로 기록하고 있으나, 부산진교회는 1931년의 표창장 내용을 근거로 1891년을 설립 연도로 삼고 있다.

부산진교회와 여선교사들(Busanjin Church & Missionaries, 1896)

23. 잘 양육된 신자 63명

아침 예배에 63명(남성 15명, 여성 48명)이 모였다. 몇 명은 새 목사(선교사)를 만나러 초읍에서 왔다. 교인들은 조용히 행동하였고, 집중하였고, 찬송도 잘 불러 좋은 인상을 받았다. 그러나 식당이 너무 작았다. 하비는 그 방을 '예배당 겸 식당'이라고 불렀다. 다른 용도로는 더 사용할 수 없을 것이다.

(『엥겔의 일기』, 1900년 11월 4일, 일요일)

▶ 본 내용은 엥겔이 부임하기 전까지 멘지스가 어떻게 예배를 인도하였고, 교회가 얼마나 성장하였는지를 보여주고 있다.

앤껠의 첫 성탄예배(The First Christmas, Engel's family, 1900)

24. 엥겔의 통역관 멘지스

다른 면에서 나는 우리 교인들의 힘찬 맥박을 느낄 수 있었다. 한국인과 중국인에게는 남녀 구분을 위하여 예배당 안에 분리된 벽을 세우는 것이 중요한데 우리 교회는 처음부터 그런 것이 필요하리라 생각되지 않았다.

이 모든 것이 좋은 징조이다. 북쪽에 있는 한국교회가 우리는 해본 적이 없는 분리 벽을 이제야 제거하고 있다는 것을 생각하면 말이다.

또한 이 안을 교인들과 함께 모여 상의한 것을 그들은 나의 통역관인 멘지스 양을 통하여 자연스럽게 감사를 표현하였다. 이 작은 모임이 기회가 되어 가까운 시일에 운영위원회와 제직회 회원 선출도 가능할 것이다.

(『엥겔의 일기』, 1900년 12월 17일, 월요일)

In another way I was able to feel their pulse; I do not think we shall have any difficulty in leaving away from the very start the wall of partition that Koreans & Chinese think necessary as a demand of propriety for the separation of the two sexes.

These are all encouraging signs, especially when we consider that in the churches of northern Korea they are beginning to do away with what we never had for our people.

It also came quite natural to them to express through Miss Menzies, my interpreter, their thanks to me for having called to consider this matter with them. This little meeting will pave the way to the election of a regular board of management or deacons meeting at no distant date.

(*Journal of Rev G Engel*, Monday, Dec 17, 1900)

25. "멘지 부인의 뜻에 따라야 합니다"

한 여성이 (세례문답에 관한) 그녀의 대답으로 인하여 적지 않은 웃음을 자아냈다. 다음이 그 대화의 내용이다.

"누가 교회의 머리입니까?"

"예수 그리스도입니다."

"다른 왕이 있습니까?"

"아니요."

"그러면 한국의 왕은 어떻게 됩니까?"

"그는 교회와는 상관이 없습니다."

"그러면 당신은 누구의 뜻에 따라 행해야 합니까?"

"멘지 부인의 뜻에 따라야 합니다!"

우리의 웃음이 터졌는데도 그녀는 별로 놀라지 않았다. 그녀는 잠시 후 올바른 대답을 하였다.

그러나 이 대화는 이들이 얼마나 멘지스를 존경하고 있는지 잘 보여주고 있다. 사실 하나님의 뜻과 선교사의 뜻을 상호 교환 가능한 단어로 국내나 국외의 회심자들이 사용하는 것이 처음은 아니다.

(『엥겔의 일기』, 1901년 2월 7일, 목요일)

One woman caused quite a diversion by one of her answers, as will be seen from the following dialogue:

"Who is the head of the Church?"

"Jesus Christ."

"Is there any other king?"

"No."

"But what about the king of Korea?"

"He has nothing to do with the Church."

"According to whose will, therefore, must you do?"

"According to Menzie-Pween's (Miss Menzies') will(!)"

She was no little astonished when we gave way to some merriment, but afterwards she gave the right answer.

This, however, shows how much they look up to Miss Menzies. Besides, it is not the first time that God's will and the missionary's will were used by converts (inside and outside Korea) as interchangeable terms.

(*Journal of Rev G. Engel*, Thursday, Feb 7, 1901)

26. 나가사키병원 방문

오늘 멘지스는 의사를 만나 건강검진을 받고 치료를 받으러 야마시로 마루 호를 타고 나가사키로 갔다. 온종일 안개가 심했으며 무어, 브라운 그리고 내가 그녀를 송별하였다.

(『엥겔의 일기』, 1901년 4월 3일, 수요일)

Miss Menzies left today by the Yamashiro Maru for Nagasaki to consult her doctor about her health & receive treatment there. It was very foggy all day – Miss Moore, Miss Brown & myself saw her off).

(*Journal of Rev G. Engel*, Wednesday, April 3, 1901)

27. 달아난 두 소녀

    내가 돌아오는 길에 고아원의 봉성과 보배가 달아나 양산 고개(이 곳에서 2마일가량 떨어져 있는 일본 지구) 봉성의 이모 집에 숨어 있다고 들었다.

    고아원 원장인 멘지스는 경찰을 만나 그 소녀들을 찾아 달라고 요청하였다. 그런데 그 경찰이 봉성의 이모와 친척 관계이므로 이번 사건은 좀 수상하게 보였다.

(『엥겔의 일기』, 1902년 4월 1일, 화요일)

미우라고아원(Myoora Orphanage, 1893)

28. 한동년과 김만일

1903년 늦은 가을 무렵부터 민지사 양(멘지스의 한글 이름)은 당시 동래읍에서 이름 있는 유지 윤병근의 방 하나를 세 얻어 유숙하면서 현지인들에게 복음 전하기에 힘쓰고 있었다. 그러나 민지사는 그곳에 상주한 것이 아니라 주로 부산진에 거주하면서 때때로 그곳에 오는 형편이었고, 전도의 실적은 별로 나타나지 않았다. 따라서 이곳 동래읍은 부산에서 울산, 경주 등 경남 동부 지역으로 전도 여행 중 잠시 머물렀다 가는 곳으로 이용하기도 하였다.

다행히 그곳에서 민지사는 두 여성을 얻었는데 그중의 한 사람은 양반들이 많이 사는 동래에서도 으뜸갈만한 16대에 걸쳐 살아온 오랜 가문의 증손 집안 주부였던 김원봉과 동래부의 관청 소속의 기생이었던 한설향이었다. 그들은 민지사 선교사와 자주 만나 복음을 듣게 되었고, 마침내 기독교 신앙으로 들어오게 되었던 것이다. 이 두 여성은 그 지역을 담당한 선교사 엥겔(왕길지) 목사에게 세례를 받게 되었다.

그 후 김원봉은 집안의 격한 반대로 부득이 얼마 동안 교회 출입을 못 하다가 1920년대에 다시 교회에 나오게 되어 20년 동안 성실히 봉사하였다고 한다. 한설향은 37세이던 1910년 9월 11일 선교사 엥겔 목사에게 세례를 받아 이름을 동년으로 바꾸어, 후에는 목사가 된 김만일과 결혼하여 복천동에 살면서 남편을 따라 상업에 종사하였다. 그러나 예수를 믿고 나서 변화된 삶과 사회봉사 활동, 김만일 목사에 대한 내조로 많은 사람의 사랑과 존경을 받았다(『수안교회 100년사』, 2005).

매크레, 엥겔, 무어, 데이비스, 브라운과 아들
(Macrae, Engel, Moore, Davies, Brown)

29. 서매물에 관한 당회의 기록

이전 어릴 때에 세례받은 서매물이 당회 앞에 나와서 믿음의 문답
을 분명히 하였으니 이후부터 성찬에 참예하기로 허락하다.

(「부산진교회 당회록」, 1905년 3월 3일)

► 서매물과 장금이는 1901년 2월 10일 엥겔의 집례를 통하여 세례를 받았다.

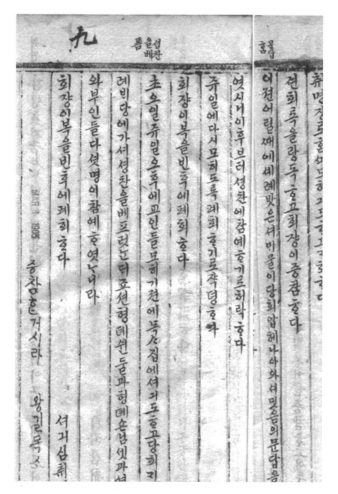

부산진교회 당회록
(Busanjin Church Elder_s Council Minutes, 1905.03.03.)

30. 에베네저교회에 보고하다

한국의 부산으로 곧 돌아가 장로교 선교사역을 계속할 멘지스 양을 위한 환송회가 오늘 저녁 8시 에베네저교회 강당에서 열릴 예정이다. 카메론 목사가 사회를 보고, 다른 목사들과 멘지스 양의 연설이 있을 예정이다.

선교사역에 관심 있는 사람들은 누구나 참석할 수 있다.

(「더 발라렛 스타」, 1904년 9월 9일, 5)

Miss Menzies, who will shortly return to Korea to take up her work in the Presbyterian Mission at Fusan, will be given a farewell to-night at 8 o'clock, at the Ebenezer Church Hall. The Rev. C. Cameron will preside. Addresses by other ministers and Miss Menzies.

All interested in missionary work cordially invited.

(*The Ballarat Star*, Sept 9, 1904, 5)

INDEPENDENT

H. G. Brand and wife, Seoul
M. C. Fenwick, Gensan

PRESBYTERIAN CHURCH IN U. S. A.

SEOUL

Rev. H. G. Underwood and wife
Rev. J. S. Gale
Dr. C. C. Vinton and wife
Dr. O. R. Avison and wife
Miss S. A. Doty
Miss K. C. Wambold
Miss E. H. Field, M.D.
Rev. C. E. Sharp and wife
Rev. A. G. Welbon and wife
Miss M. Barrett
Rev. E. H. Miller

PINGYANG

Rev. S. A. Moffett, D.D., and wife
Rev. Graham Lee and wife
Rev. W. L. Swallen and wife
Rev. W. M. Baird and wife
Dr. J. H. Wells and wife
Miss M. Best
Rev. W. B. Hunt and wife
Rev. C. F. Bernheisel
Miss E. M. Howell
Miss V. L. Snook
Rev. W. N. Blair and wife
Miss M. M. Henry

FUSAN

Dr. C. H. Irvin, M.D., and wife
Rev. R. H. Sidebotham and wife

TAIKU

Rev. J. E. Adams and wife
Dr. W. O. Johnson and wife
Rev. M. W. Bruen and wife
Rev. W. M. Barrett

SUN-CHUN

Rev. N. C. Whittemore
A. M. Sharrocks, M.D., and wife
Rev. C. Ross and wife
Rev. C. E. Kearns and wife
Miss E. L. Shields
Miss M. L. Chase

PRESBYTERIAN CHURCH OF VICTORIA

FUSAN

Rev. A. Adamson and wife
Dr. Hugh Currell and wife

PRESBYTERIAN WOMEN'S MISSIONARY UNION

FUSAN

Rev. G. Engel and wife
Miss B. Menzies
Miss A. Brown

WOMEN'S FOREIGN MISSIONARY SOCIETY OF THE METHODIST EPISCOPAL CHURCH

SEOUL

Miss H. Robbins
Miss J. O. Paine
Miss Lulu E. Frey
Miss N. Pierce
Miss E. Ernsberger, M.D.
Mrs. W. J. Hall, M.D., Pingyang
Mrs. E. Kim Pak, M.D., do.
Miss E. A. Lewis
Miss L. C. Rothweiler (absent)
Miss Mary M. Cutler, M.D.
Miss Mary R. Hillman, Chemulpo
Miss Lula A. Miller, do.
Miss Ethel M. Estey, Pingyang
Miss Sara H. Miller, do.
Miss Alice J. Hammond, Seoul
Miss Margaret J. Edmonds, do.

호주 선교사 명단
(『Directory of Protestant Missionaries in China, Japan & Corea』,
Daily Press, 1904)

31. "우리 중에 같이 사는 것을 못 하게 하자"

경상도에 기독교인이 거의 없을 때였다. 멘지스와 동료들은 부산진의 사람들과 한국식 집에서 함께 거하였고, 한국어 선생의 도움을 받아 초가집을 구입하게 되었다. 이웃 사람들은 처음에 이 여성들을 수상하게 생각하여 싫어하였고, 다음과 같이 말하였다고 하였다.

"이 서양 여성들이 우리 중에 같이 사는 것을 못 하게 하자."

한국어 교사와 전 주인의 설득에도 불구하고 사람들은 여선교사들에게 위협을 가하였다.

이 두 여성이 얼마나 열정적으로 그리스도를 전하였고, 자비로운 사랑을 보였고, 결국은 한국어 교사와 이웃들이 마침내 그리스도를 고백하게 되었다. 이 모든 일은 그들이 작고 어두운 방에서 살며, 종종 아프고 피곤한 상태에서 이루어졌다. 자신들 고향의 크고 넓고 편한 집을 떠나 한 일이었다.

심취명 목사, 1917년

(「더 크로니클」, 1918년 2월 1일, 6)

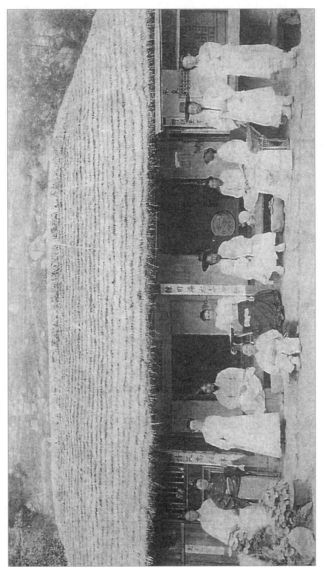

멘지스의 초가집을 방문한 손님들(Visitors at Missionaries House, 1892)

32. 1905년 설립된 동래읍교회

그러던 동래 지역에 대한 선교는 호주의 여선교사 멘지스에 의해서 이루어졌다. 그가 두루 다니며 선교하여 몇몇 여성 신자들을 얻게 되고 이 지역에 예배 처소를 마련하게 되었던 것이다. 따라서 수안교회는 이 여성들이 시작한 교회라고 할 수 있다.

(『수안교회 100년사』, 2005, 78)

마가렛 데이비스 감사패 동래읍교회 증
(Plaque of Appreciation to Margaret Davies), 연대 미상

33. 부산교회 주일학교

우리는 길에서 몇 명의 소년과 소녀들이 두 권의 책을 들고 가는 것을 볼 수 있었다. 그 책 겉에는 '신약성서'와 '찬송가'란 글자가 새겨져 있었다. 이들 아이를 따라가 보면 꼬불꼬불한 여러 골목길을 지나서 울타리로 둘러싸인 두 채의 큰 외국인의 집에 닿게 된다.

이 집들이 우리 선교사의 집이다. 이제 여선교사인 미스 멘지스와 나를 따라 우리 선교사의 집 바로 앞에 있는 한국 집으로 같이 가 보자. 이 집이 바로 우리들의 부산교회이다. 이 집의 현관 바로 밖에는 짚신이 줄지어 나란히 놓여 있다. 이 짚신은 집에 들어가기 전에 정돈해 놓은 신발들이다. 이제 집 안에 들어가 보면 아이들은 서로 이야기하기에 한창이었다. 그들은 미스 멘지스가 들어가자 인사하기 위해 모두 일어서서 모두 한목소리로 아침 인사를 하였다.

"간밤에 안녕히 주무셨습니까? 선생님."

그곳에는 약 60명의 소녀와 약 30명의 소년이 참석하고 있었다.

(메리 켈리, 1906년 5월 4일)

Alice Niven, Agnes Brown, Belle Menzies and Mary Kelly, 1906

니븐, 브라운, 맨지스, 켈리, 1906

34. 멘지스를 돕는 매물이와 금이

멘지스가 고아원과 학교의 책임을 맡았고, 매물이가 보조교사이다. 여성반도 운영하고 있는데 금이가 보조하고 있다.

Mrs. C. B. 앤더슨

(「더 크로니클」, 1906년 11월, 2)

Miss Menzies takes charge of the Orphanage and school, with Maymory as assistant teacher, and the women's classes, at which Keemy assists.

Mrs. C. B. Anderson

(*The Chronicle*, Nov, 1906, 2)

장금이, 멘지스, 서매물
(Chang Kummy, Menzies, Suh Mamoul)

35. 선교부의 어머니

첫 번째 실제적인 작업은 자연스럽게 선교지를 정하는 것이었다. 그 과정에서 하나님의 거룩한 인도함이 있었으며, 우리가 믿기는 응답을 해 주셨다. 한국이 선택된 것이다.

빅토리아는 친교연합회를 통하여 이미 그'은둔의 나라'에 헨리 데이비스 선교사를 파송한 적이 있다. 그의 이른 죽음은 슬픈 시험이었지만, 매케이 부부가 곧 그 일을 자원하였다.

이것이 우리 연합회가 첫 선교사를 파송할 기회가 되었는데, 그들은 멘지스, 페리, 페셋이다. 이들 중에 멘지스는 우리 선교부의 본부인 부산에서 지금까지 활발히 활동 중이다.

그녀는 자신들의 동료들에 의하여 '선교부의 어머니'로 사랑스럽게 불리고 있다.

(「더 크로니클」, 1906년 11월, 4)

Mother of the Mission

The first practical step naturally was the choice of a field of labour. The Divine guidance, earnestly sought at every stage of the proceedings, was invoked, and, we believe, granted. Korea was selected. Already Victoria had sent forth an ambassador to the "Hermit Land", through the Followship Union, in the Rev. J. H. Davies. His early death was a sad trial, but as soon as possible another missionary was sent out, the Rev. J. H. Mackay and his wife volunteering for the work.

The opportunity was thus offered for our Society to send forth its first workers, the Misses Menzies still remain in active work at Fusan, the headquarters of the mission, and is affectionately styled "the Mother of the Mission" by her present colleagues.

(*The Chronicle*, Nov, 1906, 4)

36. 박성애와 김순복의 결혼

발라렛의 에베네저교회가 후원하는 순복이가 박성애와 결혼하였다. 그는 엥겔의 처음 매서인이였던 것을 여러분은 기억할 것이다. 그는 현재 진주에서 커를 박사와 함께 교리문답 교사로 일하고 있다.

순복이가 그곳의 여학생과 젊은 엄마들 사이에서 적극적으로 활동하고 있다고 듣고 있어 기쁘다. 그녀는 기독교 교육이 한국의 한 여학생에게 어떤 영향을 미쳤는지 잘 보여주는 예이다. 그녀는 그곳 선교부에서 어떤 봉급이나 보상 없이 돕고 있는바, 자신의 남편이 복음을 전하는 것에 만족감을 느끼고 있다.

스타웰 지부에서 오랫동안 지원한 세기는 심해의 김웅만과 결혼하였다. … 멘지스는 정기적으로 영어로 금이를 가르치고 있다.

멘지스는 또한 주일 오후 여성반에 참석하는 인원이 눈에 띌 정도로 증가하였다고 보고하고 있다. 금이의 도움을 받으며 그녀는 세례문답 공부를 시키고 있다. 어린이 주일학교에서는 전에 남반 학생이었던 김수홍과 매물이가 멘지스의 감독하에 지난 1월부터 교사로 일하고 있고, 그들은 매 토요일 오후 준비반에서 미리 가르침을 받는다.

야간반의 여학생들도 48명에서 60명으로 늘었다. 안타깝게도 이들은 정기적으로 수업에 참석하지 못하는데, 부모가 반대하기 때문이다. 불신자 가정에서는 자신의 아이가 외국 교육을 받으면 결혼에 지장이 있을 것이라는 편견과 두려움이 있기 때문이다.

브라운 양이 부산진에 있을 때 이 야간반을 인도하지만, 그녀가 종종 선교부를 비움으로 멘지스가 맡고 있다. 여학교, 고아원 그리고 주일학교의 무거운 짐에 더하여 말이다.

겔슨 엥겔

빅토리아여선교연합회 사역 감독자

(「더 크로니클」, 1907년 2월 1일, 8-9)

In the orphanage a few changes have to be noted. Soonpogy, supported by Ebenezer, Ballarat, was married to Pak Sungay, whom friends will remember as one of Mr. Engel's first colporteurs, and who is now Dr. Currell's catechist at Chinju.

We are glad to learn that Soonpogy is taking as active part in the work among the girls and young women there., and that she is another of our girls who proves what a Christian training can do for a Korean girl,...

Miss Menzies also gave regular lessons in English to Keemy.

Miss Menzies also reports a marked increase in the attendance of women at the Sabbath afternoon class, in which Keemy assists her by taking the catechmen section. In the children's Sabbath school, Kim Soohong, a former pupil in the boy's school, and Maymory, have been working as teachers under Miss menzies' superintendence since January, receiving regular preparatory instruction from the latter on Saturday afternoon. The girl's evening classes also show an increase from 48-60. Unfortunately the girls do not attend regularly for any length of time, as their parents forbid their coming, out of fear that their connection with the foreign doctrine might prejudice them in their marriage prospects with well-connected heathen families.

In these classes Miss Brown has taken her share while in the station, but during her frequent absence Miss Menzies had to take them, in addition to the heavy duties the school, the orphanage and the classes on the Sabbath imposed on her.

G. Engel.

Superintendent PWMU Work.

(*The Chronicle*, Feburary 1, 1907)

박성애와 김순복(Sungae Park & Soonbok Kim)

37. 에베네저교회 희년 축하

빅토리아여선교연합회 에베네저지부의 첫 총무였던 멘지스 양이 1891년 9월 한국으로 떠난 후 그 땅에서 그리스도를 위한 훌륭한 일을 하였고….

에베네저지부의 성공은 많은 부분 부회장인 멘지스 여사의 따뜻한 헌신으로 이루어졌다….

(「더 발라렛 스타」, 1907년 4월 26일, 3)

Ebenezer Church, Jubliee Celebration

Miss Menzies, the first secretary of the branch, was appointed the first missionary of the Union, and sailed for Korea in September 1891, and had done splendid work for Christ in that land...

Much of the success of the branch was due to the warm devotion of Mrs Menzies, vice-president...

(*The Ballarat Star*, April 26, 1907, 3)

38. 미우라고아원 학생들

당시 호주선교부 학교에서 지원을 받은 여학생과 후원자의 명단은
다음과 같다;

장금이(라이리 가 교회 성경공부반)

홍기(투락의 친구들)

종기(말번주일학교)

서매물(에센돈주일학교)

복순이(도르카스 가 교회)

봉인이(호쏜의 밴드 양과 박스힐주일학교)

순남이(호프 양, 다리웰)

정순개(플레밍톤 밴드 양과 피콜라)

덕순이(배정되지 않음)

달순이(현장의 친구들)

덕보기(현장의 친구들)

(「더 크로니클」, 1907년 5월 1일, 7)

Myoora Institute Students

We now append a complete list of the children supported in Mission Schools, with the names of those who maintain them.

KOREA

Name of child Supported by

Keemy(Ryrie St Church Bibile Class)
Whangy(Toorak Rriends)
Chongy(Malvern S.S.)
Maymoory(Essendon S.S.)
Poksuny(Dorcas St Church CES & Terang)
Pongynine(Hawthrone Miss. band & Box Hill S.S.)
Sun Namie(Miss Hope, Dariwell)
Chung Sunggany(Flemington Miss. Band & Picola)
Duksoonie(Not Allocated)
Dalsoony(Friends on the Field)
Dukpoogie(Friends on the Field)

(*The Chronicle*, May 1, 1907, 7)

39. 우상과 싸움

　지난번 편지를 쓴 이후로 새해가 밝았다. 그리고 벌써 우리 가운데 성령이 역사하고 있다. 1월 5일 토요일 나는 저녁 기도회에 가 주일예배를 위하여 기도하였다. 그리고 아직 믿지 않는 친척들과 한때 우리 교회의 교인이었지만 떠난 이들을 위하여 기도하였다.

　한 젊은 청년이 심 장로 옆에 앉아 있었다. 나는 그를 처음 보았는데 얼굴빛에 절망스러운 모습이 있었다. 두 눈에는 초점이 없고 두려움으로 차 있었다! 심 장로가 나에게 말하였다.

　"이 청년은 많은 악한 일을 겪었습니다."

　나는 물었다.

　"어떻게 교회에 나오게 되었습니까?"

　심 장로는 답하였다.

　"이 사람은 아들이 죽는 경험을 하였고, 어머니는 귀신에 씌었습니다. 그리고 자신도 그 귀신의 힘을 느끼고 있습니다. 한번은 쪽 복음을 사 읽다가 그만두었는데, 집안에 어려움이 닥치자 아내가 말하였답니다. '예수 믿는 사람을 찾아 도움을 청해 보세요.' 그래서 이 사람이 이곳에 왔습니다."

　우리는 기도회를 마치고, 나는 집으로 돌아왔다. 그 청년은 심 장로의 집 사랑채에 머물다가 주일에 예배에 참석하였다. 오후반에는 낯선 여성이 앉아 있는 것을 보았는데, 나는 그녀가 구경꾼일 것으로 생각하고 별 관심을 두지 않았다.

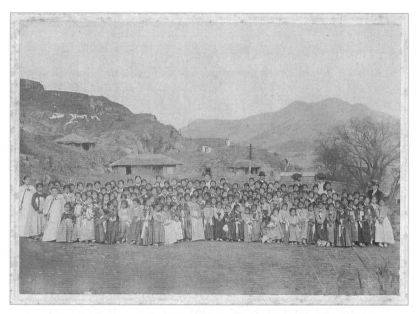

부산진교회 주일학교(Busanjin Church Sunday School, 1910)

다음 날 아침 심 장로가 나에게 다가와 다음과 같이 말하였다.

"부인, 잠깐 교회당으로 오시겠습니까? 그 청년의 모친이 와 있습니다."

나는 말하였다.

"장로님이 먼저 기도해 주십시오. 나도 곧 가겠습니다."

금이가 아파서 학교에 나오지 못하고 있었던 것이다. 학교 일이 좀 소강상태에 들 때 나는 교회당으로 갔다. 그곳에는 두 여인과 아들, 심 장로, 또 다른 교인 한 명이 있었다. 그리고 전에 내 발치에 앉아 성경을 듣던 여성도 와 있었다.

청년의 모친은 자신의 얼굴을 때리며 온몸을 구르고 있었다. 나는 그녀의 한 손을 잡았고, 우리는 기도를 더 하였다. 이윽고 그녀는 조용해지기 시작하였다. 그녀는 고개를 숙인 채 자신의 죄를 참회하며, 하나님께 용서를 빌었다. 그리고 귀신을 쫓아 달라고 간구하였다. 그 고귀한 이름을 찬양하라! 그녀는 고침을 받는 모습이었다. 우상 앞에 절하던 그녀의 얼굴이 변화되는 모습을 여러분도 볼 수 있으면 얼마나 좋을까. 그녀의 신앙을 보는 것은 기쁨 그 자체였다.

그녀의 아들 신앙은 그다지 강하지 못하였다. 그는 육체적으로 약하였는데, 우리는 느끼기에 그에게도 악한 영이 작용하고 있었다. 그러나 그때 그의 얼굴에도 놀라운 변화가 일어났다. 그 모친이 우리에게 말하기를 자신의 집에 함께 가 부적 태우는 것을 보라고 제안하였다. 심 장로와 김 전도사가 그들과 함께 갔다. 나는 말하였다.

"고향에(호주 – 역자 주) 있는 친구들이 증거로 볼 수 있는 어떤 것이라도 가지고 오세요."

그들이 그녀의 집에 당도하자 주변 사람들이 몰려들었다. 그녀는 자신의 이야기를 그들에게 하였다. 그리고 우상 단지와 부적 등을 태웠다. 이웃 중에 두세 명도 그녀와 합하여 한때 귀하게 여겼던 자신들의 우상을 던졌다. 그중 한 명은 조용하고 나이가 많은 할머니였다. 한 남성의 아내와 그의 이웃도 동참하였다. 심 장로 일행은 저녁때에 그들에게 복음을 설명하였고, 다음 날에는 그에게 가정예배 인도하는 방법을 보여주었다. 그는 글을 읽을 줄 아는 남성이었다.

심 장로와 김 전도사는 자신들이 할 수 있었던 일로 인하여 마음속 가득히 기쁨을 가지고 돌아왔다. 그리고 여러분이 흥미를 느낄만한 묵주 등 우상 부속품을 가지고 왔다. 만약 그녀가 새 신앙에도 열심을 가진다면 많은 사람을 주님께 인도할 것이다. 또 다른 여성은 전에 안평에서 복음을 들었다고 하였다.

20일 주일 여성 노인만 제외하고 그들 모두 예배에 참석하였다. 그들의 정직한 모습을 보는 것은 가슴을 뛰게 하였다. 성령께서 하신 일이다. 그들이 신앙을 이어가며 좋은 전도 일꾼이 될 수 있도록 우리와 함께 기도해 달라. 성령께서 하신 놀라운 일로 인하여 우리는 모두 기뻐하였다.

지난 주일에는 성찬 예배가 있었다. 시더보탐(한국명 사보담 - 역자주) 씨가 인도하였다. 비가 오는 날이라 시골에서는 오지 못하였지만, 우리는 기쁨으로 충만한 예배를 드렸다.

학교에 관하여도 보고하기를 원한다. 지난 방학 후에 우리가 예견했던 것처럼 나이 있는 소녀들은 학교로 돌아오지 않았다. 그래서 한동안 학생 수가 40명을 넘지 못하였다. 그 후 새 학생들이 입학하였고, 지금은 출석부에 70명이 넘는 학생들이 있다. 60명 정도가 정기적으로 수업에 임하고 있고, 그중 몇 명은 아주 어리다. 그 학생들은 수년 동안 우리 학교에 다닐 것이다.

김 전도사는 자기 여동생 복순이를 학교에 입학시켰다. 달순이와 같은 조건으로 말이다. 그녀는 18살이고 자신보다 3살이 어린 남학생과 결혼한 지 3년이 되었다. 그녀의 시어머니는 매우 불친절하였기에 자기 동생을 다시 친정으로 데리고 왔다. 그 후 시어머니는 사망하여 새 여성이 그 자리에 왔는데 며느리를 전혀 원치 않았다. 그녀의 남편은 여전히 학교에 다니고 있었다. 김 전도사는 그에게 말하기를 그가 예수 믿기 전까지 자신의 동생 복순이는 다시 돌아가지 않을 것이라 하였다. 김 전도사는 복순이가 교육받기를 원하였고, 그녀는 후에 교사가 될 수 있다고 나도 생각하였다. 그녀는 총명하고 사랑스러운 아이이다.

미국장로교회 예배에 다니는 달순이 부친에게는 풍이 왔다. 그래서 그녀는 더 학교에 다닐 수 없을 것 같다. 그녀는 어리지만 똑똑한 학생인데, 그녀가 떠나면 우리는 슬플 것이다. 그녀의 부친은 장로로 안수를 받기로 한 한 주 전에 병이 온 것이다. 시더보탐에게는 크게 실망하는 일이었다. 신앙이 돈독한 그가 이제는 일할 수 없을 것이라고 의사는 진단하였다.

무어와 전도부인 그리고 심 장로는 함안에 갔다. 그 지역은 서양 여성이 다닌 적이 없는 곳이다. 켈리는 동래에 열흘 가 있고, 브라운, 니븐 그리고 내가 지금 이곳에 있다. 2월 중순에 열릴 여자성경반을 고대하고 있다. 부흥을 위하여 간구하고 있는 우리의 기도에 여러분도 동참하여 달라. 구 부산 지역에 하나님의 놀라운 축복이 내리기를 말이다.

1907년 1월 28일, 부산진에서, 멘지스

(「더 크로니클」, 1907년 4월, 3-4)

초창기 일신여학교(Early Ilsin School, 1910년경)

40. 멘지스의 봉급

(단위: 파운드)

엥겔 목사	봉급		223	14	8
	교리문답 교사 2인	29	12	0
	추가 비용	10	0	8
	여행 경비	75	0	0
	과부와 고아 지원비	5	0	0
	미자립 목회자 지원비		5	0	0
멘지스 양	봉급		100	0	0
무어 양	봉급		90	8	4
	여행 경비	8	19	17
	통행 및 부수 비용	2	3	

(「더 크로니클」, 1907년 6월 1일, 8)

Menzies' Salary

(Unit: £)

Rev. G. Engel	Salary	223	14	8
	Two Catechists	29	12	0
	Extra Expenses	10	0	8
	Travelling Expense	75	0	0
	Widow' & Orphans Rates	5	0	0
	Infirm Ministers' Rates	5	0	0
Miss Menzies	Salary	100	0	0
Miss Moore	Salary	90	8	4
	Travelling Expense	8	19	7
	Passage & Incidentals	34	2	3

(*The Chronicle*, June 1, 1907, 8)

41. 심 장로 모친의 장례식

얼마나 시간이 빨리 지나가는가! 지난번 보고서를 쓴 지 벌써 5개월이 지났고, 그사이에도 변화가 있었다. 이 보고서에는 슬픈 소식이 들어 있지만, 한편으로 그들이 주님의 아름다운 나라에서 주님의 현존에 있다고 생각하니 위로가 된다.

첫째로 이금차의 아내이다. 그녀는 이 지역에서 살다가 수영으로 이사를 하였었다. 그녀는 항상 동래의 예배에 참석하였고, 6월 30일에도 왔었다. 이 예배에는 무어가 참석한다. 그녀는 월요일에 밭에 나갔다가 쓰러져 집으로 옮겨졌는데, 그 후 의식을 회복하지 못하였다. 그녀의 장례식은 수요일 아침에 있었다. 무어와 전도부인 그리고 3명의 교인이 부산에서 7마일 떨어진 곳의 장례식에 참석하였다.

같은 주 토요일에는 두 주 동안 이질을 앓던 백명의 남편이 사망하였다. 그의 장례식은 주일 오후에 있었다. 주일예배 후에 니븐, 켈리 그리고 나는 하관식이 있을 언덕으로 올라가 사람들을 기다렸다. 큰길을 따라서 오던 장례 일행이 길에서 벗어나 언덕 위로 올라오는 모습이 보였다. 남성들이 먼저 왔고, 여성들이 조용히 그 뒤를 따랐다. 그 모습은 비기독교인들의 장례식과 사뭇 달랐는바, 그들은 대개 술을 마시고 흥청망청하기 때문이다.

같은 날 오후 우리는 심 장로의 모친이 위중하다는 연락을 받았다. 그래서 우리는 장례식에 참석하기 전 그녀를 먼저 방문하였다. 그녀는 매우 위중하였다. 콜레라에 걸렸는데, 현재 이 병이 이곳에 유행하고 있다. 저녁때 즈음에 어윈 박사를 불렀는데 그는 즉시 달려와 약을 주었다. 다음 날 그녀는 좀 나아진 듯하였다.

월요일 저녁 그녀는 우리에게 말하였다.

"예수님께서 저를 곧 본향으로 부르십니다."

화요일에 그녀는 좀 나아졌지만, 저녁에 그녀에게 마비가 왔고, 의식을 결국 되찾지 못하였다. 목요일 새벽 1시 30분 운명하였다. 사랑과 돌봄으로 할 수 있는 일을 다 하였다. 그러나 우리를 부산과 이어준 첫 관계 중의 하나를 잃어버리게 되었다.

그녀의 목소리는 우리를 환영하는 목소리 중의 하나였고, 초기에 우리를 물질적으로 도운 여성이었다. 그녀는 69세인데 평생 일을 하였다. 그녀는 때로 이렇게 말하곤 하였다.

"저는 휴식이 많이 필요합니다."

그녀는 종종 백명의 남편에게 가 안부를 물어보곤 하였다.

"내가 나아질지 안 나아질지는 하나님의 뜻에 달렸습니다."

그의 대답이었다. 그때 그녀는 맞장구를 쳤다.

"우리 함께 갑시다."

그리고 일주일 어간에 그들은 차례로 아버지의 집으로 떠났다.

금요일 저녁 많은 사람이 애통하며 남은 자들을 위로하려고 모였다. 3명의 젊은 남성이 언덕에 있는 자매 선교단체에서도 왔고, 심 장로는 그들에게 설교를 부탁하였다. 찬송을 불렀고, 기도가 있고 난 뒤그들은 차례로 연설을 하였다. 그들의 설교로 인하여 좋은 열매가 맺기를 바란다.

장례 행렬은 길었고, 한국의 관습에 따라 큰아들이 앞장서서 슬퍼하며 울었다. 한 주에 두 번이나 우리는 기독교인에 속한 묘지 위에 섰다. 그리고 그리스도의 권능과 구원을 증언하였다. 관이 땅속에 누이고 그 위에 꽃을 뿌리는 것을 보면서 나는 과거를 생각하였다. 실망과 슬픔도 있었다. 나는 스스로 질문하였다.

'이곳에 온 것이 잘한 일인가?'

대답도 있었다.

'물론 잘한 일이다.'

관속에 육신이 누워있지만, 영혼은 죄를 용서받고 그리스도의 구원을 알지 않는가. 그리고 미래에 우리는 다시 만날 것이 아닌가. 우리 예배에 잠시 나오던 또 다른 나이 든 여성이 이번 주에 사망하였다. 그녀의 인생을 나는 잘 알지 못하지만, 다른 3명은 천국의 왕과 함께 있을 것이다.

1907년 7월 16일, 멘지스

(「더 크로니클」, 1907년 10월 1일, 2-3)

백처병, 무어, 전유실, 송슌님, 브라운(Korean Bible Women and Moore & Brown, 1896)

42. 기독교 학교

주일 여성반과 아침 예배에 교인의 수가 늘어나고 있다. 몇 명의 여성은 엥겔 목사가 돌아오면 세례받을 준비가 되어 있다. 무어는 동래에 갔으며, 니븐은 금이를 도와 여성 세례문답반을 진행하고 있다. 켈리는 매물이를 도와 주일 아침 소녀들의 큰 반을 가르치고 있다.

주중에 학교가 문을 닫은 이후 주일학교 학생들의 수가 줄어들었다. 보통 130명 정도가 참석하는데 지금은 그 정도는 아니다. 대부분 아이는 비신자 가정에서 오고 있다.

주중 학교들은 6월 말에 끝났으며, 휴식 후에 상급 소녀들을 위한 아침반을 운영하기를 나는 희망하고 있다. 우리가 상급반을 유지하기 위해서는 한문을 필수적으로 가르쳐야 한다. 남학생들의 교사인 김봉명은 방학 동안 나를 도와주기로 약속하였다. 그때까지는 엥겔이 돌아오기를 기대하고 있다. 어떤 미션 스쿨에서는 일본어도 가르치고 있다.

이곳 지역의 단체장과 이웃 지역은 연합하여 600파운드를 들여 남학교를 세우기로 하였는데, 바로 우리 학교 근처이다. 우리는 우리의 여학교를 크게 다른 모습으로 세워야 하겠고, 그렇게 여학생을 확보하여 그들이 기독교 교육을 배울 수 있도록 하여야 한다. 몇 명의 상급반 여학생들은 한문을 배우기 위하여 우리 학교를 떠났다. 그러나 금이는 이렇게 말한다.

"우리가 한문을 가르치기 시작하면 다시 돌아올 것입니다."

주일에는 그 학생들도 예배에는 참석하고 있다. 그것을 위하여 특

부산진일신여학교 교사(Busanjin Ilsin Girls School, 1905)

별히 노력하는 것은 가치가 있을 것이다.

지난 목요일 우리는 우리 고아원의 모든 학생과 그들의 친구를 데리고 한국 배를 탔다. 그리고 3마일 정도의 거리에 있는 항구 맞은편까지 갔다. 아름다운 날이었다. 모두 일상에서 벗어나 마음껏 즐기었다.

심과 김은 이번 주 우리 지역 밖의 전도 구역을 방문할 것이다. 많은 사람이 세례문답반에 참석할 수 있기를 바란다. 돌대에 있는 나이 많은 여성 한 명을 특별히 기억해 주기를 바란다. 우리가 듣기로 그녀는 많이 약해져 있다. 우리는 그녀의 아들을 만나기를 원하지만, 잘 안 나오고 그의 영향은 좋은 것 같지 않다. 그러나 또 다른 노인과 그의 아들은 잘하고 있다고 듣고 있다.

이 도시에 은혜의 비가 내리도록 계속 기도하기를 바란다. 격려되는 일이 많이 있지만, 이 도시가 완전히 바뀌기를 바란다. 곧 엥겔 부부가 돌아온다니 우리는 참 기쁘다. 빅토리아여선교연합회 회원 모두에게 인사를 전한다.

1907년 7월 16일, 멘지스

(「더 크로니클」, 1907년 10월 1일, 3-4)

43. 학교의 아이들 소개

지난 한 해에도 금이와 매물이는 학교에서 나의 신실한 조력자이다. 이들은 은혜 중에 성장하고 있다. 이곳에서 이들의 삶은 제한적이지만 밝고 행복한 본성과 생활의 유머로 아이들과 잘 지내고 있다. 5월 말에 나는 그들에게 휴가를 주었다. 어윈 박사의 말에 따르면 이들의 목과 머리 통증이 완화되었으며, 다시 정상이 되고 있다고 하였다. 이들은 현재 한문을 공부하고 있다.

황기는 손으로 바느질을 하며, 집안일 대부분을 하느라 바쁘다. 그녀는 키가 많이 컸고 부끄럼을 타고 긴장을 잘하는 소녀이지만, 때로 저녁반을 돕고 있다. 그녀와 할머니는 서로 좋은 친구이다.

종이의 학교 수업은 나아지고 있고, 음식 만드는 일을 돕고 있다. 봉남이는 느리게 진보하고 있다. 그녀는 다른 아이들보다 나이가 많지만, 청명하지는 못하다. 또한 글을 알지만 잘 읽지는 못하는데, 인내하면 극복할 수 있을 것이다.

복순이는 기이한 아이이다. 그녀는 오전 수업에만 참석하는데, 그녀가 주기도문을 외우는 것을 여러분이 보기를 원한다. 다른 아이들보다 더 날카로운 목소리로 암송을 한다. 우리는 그녀를 봉영의 그림자라고도 하는데, 그녀가 가는 곳은 어디든지 따라간다. 이들이 팔짱을 끼고 우리 선교부를 오르락내리락하는 모습은 예쁘다.

덕순이는 까다로운 소녀이지만 말도 잘 듣고 가장 독립적이다. 그녀는 백일해에 걸려 심각하였지만, 조금씩 나아지고 있다. 봉영은 우리 집의 어린아이지만 좋은 아이이다. 달순이는 방 장로의 딸로 건강이 좀 나아졌고, 학교에서 바쁘다. 김은 전도사의 여동생인데, 이름을 숙진이로 바꾸었다. 이달에 돌아올 것이다. 그녀는 매우 침착한 아이로 후에 학교의 교사가 되기를 나는 희망하고 있다.

우리 마음의 소원과 기도는 위 학교의 모든 학생이 주님의 생명책에 기록되는 것이다. 이들의 필요를 위하여 너그럽게 지원하는 모든 후원자에게 우리는 감사하다.

1907년 7월 16일, 멘지스

(「더 크로니클」, 1907년 10월 1일, 4-5)

미우라고아원(Myoora Orphanage, 1915)

44. 건강의 악화

거의 17년 동안 헌신 봉사한 멘지스의 건강이 스트레스와 긴장으로 인하여 무너졌음을 안타깝게 생각하며 보고한다. 의사의 권고에 따라 그녀는 지난 1월 선교 현장을 떠났다. 일 년 동안의 휴식을 통하여 힘을 다시 회복하고 자신이 그토록 사랑하는 일에 복귀할 수 있기를 희망한다.

C. 앤더슨

해외선교부 총무

(「더 크로니클」, 1908년 5월 1일, 7)

We regretfully have to report that in the strain and stress of the work, and after nearly 17 years' devoted service, Miss Menzies' health broke down.

Acting under medical advice, she left the field in January, in the hope that after a year's rest she may, with with renewed vigour, be able to return to the work she so much loves.

(*The Chronicle*, May 1, 1908, 7)

45. 현장의 선교사들

	이름	임명된 해
	길슨 엥겔 목사, 감독관, 엥겔 부인	1900
	멘지스	1891
빅토리아여선교연합회	무어	1892
	켈리	1905
	니븐	1905
	스콜스	1907
친교 연합회	앤드류 아담슨 목사와 부인	1894
해외선교위원회	휴 커를 목사와 부인	1902
	심(시니어)명개, 진, 남학교 교사	1893
	심취명, 요리문답 교사,	1903
	안수 장로	1904
	김봉명, 남학교 교사	1903
	정덕생, 전도자	1906
	요리문답 교사	1908
	김교명, 매서인	1908
한국인 보조자들	박승태, 매서인	1908
	김유실, 전도부인	1902
	정백명, 전도부인	1903
	김단청, 전도부인	1903
	이수은, 전도부인	1903
	장금이, 여학교 교사	1903
	서매물, 여학교 교사	1906
	박계실, 전도부인	1908

(「더 크로니클」, 1908년 12월 1일, 12)

Workers in the Field Korea

	Name	Appointed
PWMU	Rev G Engel, M.A., Superintendent And Mrs Engel	1900
	Miss Menzies	1891
	Miss Moore	1892
	Miss Kelly	1905
	Miss Niven	1905
	Miss Scholes	1907
Fellowship Union	Rev Andrew Adamson and Mrs. Adamson	1894
Foreign Mission Committee	Dr. Hugh Currell and Mrs. Currell	1902
Korean Assistants	Sim(Senior) Mongay, Chin, Teacher in Boy's School	1893
	Sim Chuymyeng Catechist Ordained Elder in	1903 1904
	Kim Pongmyeng, Boy's Teacher	1903
	Cheng Duksaing, Evangelist Catechist	1906 1908
	Kim Kyomyeng, Colporteur	1908
	Pak Sengtay, Colporteur	1908
	Kim Yusil, Biblewoman	1902
	Cheng Paikmyeng, Biblewoman	1903
	Kim Tancheng, Biblewoman	1903
	Yi Soo-un, Biblewoman	1903
	Chang Keemy, Teacher in Girl's School	1903
	Saw Maymory, Teacher in Girl's School	1906
	Pak Kyersil, Biblewoman	1908

(*The Chronicle*. Dec 1, 1908. 12)

호주선교사공의회, 부산진(Australian Presbyterian Mission, Busanjin, 1910)

맥켄지와 엥겔, 부산진일신여학교 학생들
(Mackenzie & Engel, Ilsin School Girls, 1910)

46. 멘지스의 사임

빅토리아장로교 여선교연합회 선교사로 부산에서 17년을 사역한 멘지스가 사표를 내었음에 우리는 깊은 유감을 표한다. 지난 2월 멘지스는 악화한 건강으로 호주로 돌아왔고, 그 후 지금까지 의사 진료를 받아 왔다. 지금은 다행히도 건강이 회복되었고, 근력도 돌아오고 있다. 그러나 그녀는 하나님의 뜻이라면 이제 호주에 머무르기를 원하고 있다.

여선교연합회 정기위원회는 멘지스의 사임을 받아들였고, 다음과 같은 감사의 기록을 남기고 있다.

"우리는 멘지스의 사표를 받아들이며 감사의 기록을 남기기를 원한다. 멘지스는 여선교연합회의 젊은 여선교사로서 1891년 부산에 임명이 된 이래 그녀가 보여준 헌신과 능력 있는 봉사에 깊은 감사를 표한다. 이제 자신의 어머니를 돌보는 중요한 일을 위하여 떠나는 그녀는 이곳에서 선교의 일을 계속하는 것이며, 이것은 우리의 사역을 더 전진시키는 것이다".

(「더 크로니클」, 1909년 1월 1일, 1)

Editorial Notes

We regret exceedingly that we have to announce the resignation of Miss Menzies, who, for seventeen years, has been an agent of the PWMU in Fusan. At the end of the last Feburury Miss Menzies returned to Victoria in very bad health, and has been under medical treatment since.

Now, happily, her health is restored and strength is returning gradually; but she feels it to be God's will that she should stay at home.

The General Committee could not but accept Miss Menzies resignation, and did not need her assurance of the fact to know that, in every way in her power, she will help on the work of the Union.

Our deepest sympathy is with the women of Fusan to whom she used to break the bread of Life, and with her fellow-workers, who found her wisdom and experience a staff to lean upon.

(*The Chronicle*, Jan 1, 1909, 1)

47. 멘지스를 그리워하는 박 숙사 모친

우리가 다시 편지를 쓰려고 할 때 문을 두드리는 소리가 또 났다. 노인 한 분이 걸어들어오는데 박 숙사의 모친이다…. 그녀는 우리에게 좋은 친구이다. 그럴 뿐만 아니라 그녀는 자기 아들이 진주에서 하나님의 일을 하는 것에 관심을 두기 때문이다. 그녀는 이곳의 새 일을 위해 온 아들을 따라서 이사한 것에 대하여 가족 누구보다 더 힘들어 하였는바, 부산의 오랜 친구와 이웃을 떠나야 하였기 때문이다.

최근에 그녀에게는 좀 더 은혜로운 모습이 비쳤는데, 우리는 이것이 그녀가 사랑하는 멘지스 부인이 한국으로 다시 돌아오지 못한다는 슬픔으로 인한 것으로 생각하였다. 멘지스가 그녀의 첫 교사였고, 이 땅에서 다시는 그녀를 볼 수 없다는 것이 그녀에게 큰 슬픔이었다. 그리고 그녀가 하나님께로 좀 더 가까이 인도받고 있다는 것이 그녀에게는 축복으로 여겨진 것이다.

요즈음 그녀는 글 읽기를 열심히 배우고 있다. 커를 의사와 그의 가족이 돌아올 때 다른 교인들 속에서 찬송을 부르며 그들을 환영하기 위한 열망이 있기 때문이다. 그녀는 다음과 같이 말하였다.

"내가 스스로 성경을 읽지 못하여 내 마음속에 어두움을 느낍니다. 다른 이가 읽어주는 것은 금방 잊어버립니다."

진주에서, 메리 켈리

(「더 크로니클」, 1909년 8월 2일, 8)

메리 켈리(Mary Kelly, 1905)

▶ 박 숙사는 커를과 함께 부산에서 진주로 이주한 박성애를 지칭한다. '숙사'는 서당의 훈장과 비슷한 의미의 당시 유학 교육 선생에 대한 호칭이다.

48. 멘지스의 보고서

멘지스는 설명하기를 고아원은 우연히 시작되었다고 하고 있다. 1893년은 가뭄과 기근의 해였는데, 여선교사들은 그들에게 보내지거나 길거리에 버려진 아이들을 거두지 않을 수 없었다고 하였다. 그리고 이들의 행동은 한국인들에게 깊은 인상을 주었으며, 기독교 사랑이 무엇인지 그들이 처음으로 알게 되었다고 하였다.

또한 고아원 사역은 여학교를 시작하는 길을 내주었다. 그러나 한국인들은 자기들의 딸이 왜 교육을 받아야 하는지 몰랐고, 학교에 보내지도 않았다. 그러나 아이들은 고아들이 교육을 받는 모습을 보고 자신들도 배우기를 희망하였다. 이것이 지금 성장하는 여학교의 시작이었다. 하나님은 우리가 이해할 수 없는 방법으로 역사하신다.

(「더 크로니클」, 1909년 11월 1일, 1-2).

Menzies' Paper

Miss Menzies explains that the orphanage work began involuntarily, as it were. 1893 was a year of drought and famine, and the ladies could not but rescue the starving little girls who were brought to them or left in the streets.

The effect of their action on the minds of the Koreans was remarkable, it gave to many of them their first insight into the meaning of the Christian love.

ALson the orphanage paved the way for the girl's school: the Koreans saw no reason why their girls should be educated, and would not send them to school, but when the little girls themselves saw the orphans at the lessions, they wished to be taught, too, and the present flouring school had its beginning. So God works out His purpose in ways that we do not understand.

(*The Chronicle*, Nov 1, 1909, 1-2)

49. 장금이와 서매물

멘지스는 이해 10월 11일 열린 연합기도 모임에서 미우라고아원의 학생들을 소개하고 있다. 장금이는 한쪽 다리를 절며 길거리에서 구걸하다 발견되었고, 서매물은 어머니에게 버림받은 아이였다. 지금 이들은 둘 다 일신여학교의 선생이 되었다.

한번은 멘지스가 아파서 의사의 처방대로 6주를 휴식하고 있을 때 이 둘이 학교를 책임 맡았고, 그 일을 훌륭히 감당하였다고 한다. 장금이는 멘지스에게 말하기를 자신이 하나의 규칙을 만들었는데, 큰 학생들이 작은 학생 한 명씩을 맡아 돌보아 준다는 것이었다. 멘지스가 다시 학교로 돌아와 보니 이 방법이 효과적으로 운영되고 있었다고 한다.

그뿐만 아니라 서매물은 일주일에 두 번씩 사지가 마비된 한 노인을 방문하여 그녀의 몸을 씻기고 머리를 빗겨 주었는데, 마지막에는 성경을 읽어 주었다. 이 할머니가 돌아가실 때 이렇게 말하였다고 한다. "내가 죽어 하늘나라에 가면 먼저 하나님과 예수님을 만나고 부인들과 매물이를 지켜보며 올 때까지 기다릴 것입니다".

(「더 크로니클」, 1909년 11월 1일, 4)

At the central prayer meeting, on 11th October, Miss Menzies greatly interested her hearers by giving little sketches of the life history of some of her orphanage girls.

Keemy, the little cripple who was found begging on the streets, and Maymory, whose mother deserted her, are now teachers in the Fusan school. Once when Miss Menzies was ordered by the doctor to take six weeks complete rest, these two girls were left in charge of school, and succeeded admirably.

Keemy told Miss menzies that she had invented a new rule, without which she could not possibly have kept order. The rule was that each of the big girls should be responsible for one of the little ones... When Miss Menzies returned to her work, she found Keemy's plan succeeding so well that she adopted it.

(*The Chronicle*, Nov 1, 1909, 4)

50. 고아원 사역의 가치

매물이와 금이는 첫날에 '새로 온 부인'을 만나기 위하여 왔다. 이 두 소녀를 보는 것은 매우 흥미로웠는데, 이 중의 한 명의 소식은 호주에서 많이 들었었다. 이들의 얼굴은 보기 좋았으며, 능력이 있고, 지적으로 보였다. 하얀 옷을 입은 이 소녀들은 깔끔하고 아름다운 모습이었다.

학교에서 이들이 학생들과 함께하는 모습을 지켜보았는데, 이 둘이 학생들에게 미치는 영향은 고아원 사역과 돌봄이 처음부터 얼마나 가치가 있었는지 말해 주고 있다. 매물이와 금이는 장차 하나님 나라를 위하여 귀중한 사역을 할 수 있는 재질이 있다는 것이 겉으로 보는 나의 판단이다.

프란시스 클라크

(「더 크로니클」, 1910년 6월 1일, 3)

Maymory and Keemy came up the first day to see the "new Pueen". It was very interesting to see these two girls, of whom one had heard so much. They had such nice faces, and seem very capable, intelligent girls. They look so beautifully fresh and clean, too, in their spick and span white frocks.

As I watched them in the school amongst the children, I could not help feeling that the influence of these two girls alone was worth all the work and care which the orphanage had caused since its beginning. To judge, however, from the appearance of other bright school girls, there is certainly material from which more Keemys and Maymorys may be made, we will be able to take their turn in useful work for the kingdom of God before very long.

Frances Clerke

(*The Chronicle*, June 1, 1910, 3)

51. 멘지스를 그리워하는 서매물

니븐과 함께 가르치고 있는 21살의 서매물은 호주의 여선교연합회에 1910년 말 편지를 보내고 있다. 그녀는 호주교회의 후원자들에게 감사하며, 하나님이 은혜와 축복으로 갚아 주시기를 기도한다고 하였다. 그리고 그녀는 일신여학교에 관하여 보고하고 있었는데, 당시 80명의 학생과 4명의 교사가 있다고 하였다. 그리고 고아원에는 11명이 있다고 하였다.

그러나 서매물의 편지는 사실 멘지스의 안부를 묻는 서신이었다. 자신이 보낸 편지를 읽었다면 어떻게 지내는지 답장을 고대하고 있다고 하였고, 이 세상에서 못 만난다면 나중에 천국에서도 꼭 만나기를 바란다고 하였다. 매물이가 멘지스를 얼마나 그리워하고 있는지 알 수 있는 대목이다.

(「더 크로니클」, 1910년 11월 11일, 3-4)

일신여학교 학생과 교사들 서매물, 장금이, 니븐
(Ilsin students & Teachers, 1910)

52. '크로니클' 서기

발라렛노회

에베네저교회

'크로니클' 서기, 멘지스 양

1110 Dana St.

(「더 크로니클」, 1911년 5월 1일, 20)

Presbytery of Ballarat

Ebenezer Church
'Chronicle' Secretary, Miss Menzies
1110 Dana St.

(*The Chronicle*, May 1, 1911, 20)

53. 서매물이 데이비스 여사에게

친애하는 부인, 이 편지를 받아주세요. 하나님의 은혜로 부인은 한국을 방문하셨고, 우리를 위한 큰 사랑을 가지게 되셨습니다. 그때 배를 타고 한국을 떠나실 때 서로 안녕을 고하였고, 오는 길에 부인을 다시 만날 수 없다는 생각에 매우 슬펐습니다. 그러나 저는 지금도 부인을 많이 생각하며 기도하고 있습니다. 또한 마가렛 데이비스 양을 통하여 부인의 사랑스러운 안부를 여러 차례 받았습니다. 매우 감사했지만, 그 안부에 대답을 못 하여 밤낮으로 염려하였습니다.

이제 시간을 내어 부인을 다시 만난다면 얼마나 좋을까 생각하며 몇자 적습니다. 친애하는 부인께서 이곳에서 부인의 나라까지 아무 사고없이 잘 돌아가 가족과 재회를 하셨다는 말을 듣고 감사하였습니다. 평안 속에 친구분들과 잘 계시는지요? 저는 한국에서 잘 지내고 있습니다. 우리 교회와 학교도 발전되고 있습니다. 위하여 기도해 주시기 바랍니다.

우리가 사랑하는 부인의 딸 마가렛은 벌써 한국말을 많이 배웠습니다. 우리는 대화도 하고, 저는 그녀에게 오르간과 영어로 편지 쓰는법을 배우고 있습니다. 매우 재미있게 배우고 있습니다. 저는 그녀에게 한국말 쓰기를 가르치고 있고요.

지난 3월 31일 여학생들은 방학을 맞이하였습니다. 이날 부인의 딸이 찬송가 가사를 읽었고, 상품을 나누어 주었습니다. 한국어 학습이 많이 진보하였다는 증거입니다. 그녀는 지성과 능력을 겸비하고 있습니다. 한 가지를 알려주면 열 가지를 깨닫습니다.

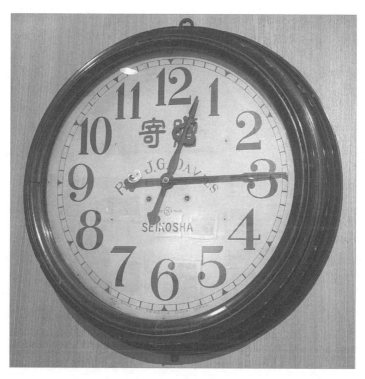

동래일신여학교 개교식 기념, 데이비스 부모 기증
(At the Opening of Dongrae Ilsin Girls School donated
by JG Davies, 1926)

부인의 사랑하는 딸을 데리고 가지 않고, 우리 한국 기독교인들을 위하여 부인의 딸을 보내셨습니다. 하나님으로부터 칭송을 받을 것입니다. 우리 주님으로부터 큰 상을 받을 것입니다. 이 편지에 저의 기쁨을 다 담기에 부족합니다. 현재 이곳에는 봄이 왔습니다. 매우 아름답습니다. 부인이 이곳에 계셨을 때보다 더 아름다운 풍경입니다. 날씨도 온화하고 바다도 잔잔합니다. 우리 학교가 방학일 때 우리는 동래로 소풍을 하러 갔습니다. 부인이 저에게 가르쳐준 영어 'I know'를 저는 잊지 않고 있습니다. 항상 생각하고 있답니다.

친애하는 부인, 부인과 함께 왔던 퀠살 양에게 그녀가 안녕하신지 안부를 전해 주시겠습니까? 제가 또한 사랑하는 멘지스 부인, 니븐 부인, 퀠리 부인 그리고 다른 친구들에게도 인사를 부탁드립니다.

이곳의 저의 동생 금이는 지금 평양에 가 있습니다. 금이를 대신하여 다른 선생님이 지금 우리 학교에 와 있습니다. 그녀의 이름은 김화순입니다. 금이는 현재 평양에서 부산을 그리워하고 있답니다. 매우 외로운가 봐요. 그녀가 그곳에서 공부를 잘하도록 우리는 기도하고 있습니다.

친애하는 부인, 비록 우리가 수천 마일 서로 떨어져 있지만, 전능하신 하나님께 예배함으로 영적으로 항상 가까이할 수 있음을 하나님께 감사합니다. 저의 겸손한 소망과 기도는 부인께서 항상 평안 중에 계시는 것입니다. 계속 쓰고 싶은 욕망이 산처럼 크고 바다처럼 깊지만 이제 마쳐야 하겠습니다. 부인께서 사랑하는 매물이가 겸손하게 이 편지를 드립니다.

(「더 크로니클」, 1911년 8월 1일, 2)

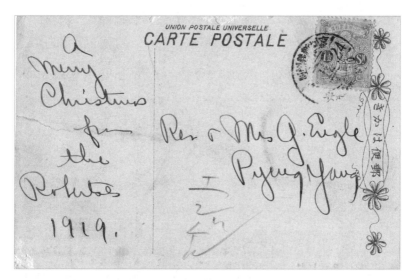

평양의 엥겔 부부에게 보낸 엽서, 1919

54. 다시 한국으로

1911년 9월에 와서야 멘지스에 관한 소식이 다시 전해지고 있다. 한국 선교를 그만둔 이유였던 멘지스의 어머니가 사망한 것이다. 멘지스는 그동안 자신의 어머니를 돌보아 왔는데, 어머니가 '죽음의 천사'의 방문을 받았다고 하였다. 그리고 그 날갯짓 소리는 두려움의 소리가 아니라 승리의 나팔이었다고 기록하고 있다.

(「더 크로니클」, 1911년 9월 1일, 2)

그다음 달 여선교연합회는 정기위원회에서 다음과 같은 결정을 한다. "멘지스 양이 우리의 선교사로 다시 한국으로 돌아가는 것을 만장일치로 동의한다."

(「더 크로니클」, 1911년 10월 2일, 4)

Miss Menzies to Return

It was unanimously agreed that Miss Menzies be asked to return to Korea as our missionary.

(PWMU Quarterly Meeting of General Committee)

(*The Chronicle*, Oct 2, 1911, 4)

55. 처음 복음을 전해 준 은인

1912년 4월 17일에는 부산진교회 교인들에게 크게 기쁜 날이었다. 그들이 사랑하는 멘지스 부인이 호주에서 돌아왔기 때문이다. 교인들은 '민 부인'을 지극히 사랑하였을 뿐만 아니라 그녀를 필요로 하였고, 환영기도회 시간에는 감사의 기도가 끊이지 않았다. 이들의 마음속에는 그녀가 '자신들에게 복음을 처음 전해 준 은인'이었고, 누구도 그것을 대체할 수 없었다.

이다 맥피

(「더 크로니클」, 1912년 7월 1일, 3)

Wednesday, 17th April, was a day of great rejoicing among the women of Fusanjin and district – their beloved Menzies Pueen was returning to them. If Miss Menzies had had any doubt as to the women needing her, her reception that day would dispel all such doubts.

Tears rolled down their cheeks, and one old woman said, "Oh, we are so happy, we can do nothing but cry."

At the prayer meeting that evening many were the prayers of thanksgiving for the return of their friend. In the hearts of those who know Miss Menzies as the one who first came to them with the Gospel, no one can ever take her place.

Ida McPhee

(*The Chronicle*, July 1, 1912, 3)

56. 방문 전도

　미우라학교의 여학생들을 맡은 지 이제 한 달이 되었다. 예전과 같이 이들에게 다시 엄마가 된 것이다. 예전의 상급반 학생들은 이제 다 나갔고, 새 학생들이 그 자리를 채우고 있다. 더 반가운 것은 금이가 방학 동안 이곳에 와 있다는 것이다. 이번 여름 동안에만 나는 맥켄지 부부 숙소에 지낼 것이다. 학교 위 언덕에 있는 그곳을 오르내리는 것도 힘들고, 제대로 학생들을 돌볼 수 없기 때문이다. 나의 우선 책임은 학생들이다.

　그동안 나는 또한 몇 집을 방문할 수 있었다. 지금 낮에 나가기엔 너무 덥지만, 오후 4시 이후부터는 가능하다. 가가호호 방문 전도는 성령의 능력을 믿지 못하면 하기 어렵다. 교회에 안 나오는 변명은 참 다양하다.

　"부인이 말하는 것은 맞습니다. 우리도 믿고 교회에 가고 싶습니다. 그러나 지금 너무 바쁩니다. 다음에 갈게요."

　"만약 그것이 저의 시어머니와 남편을 위한 것이 아니라면 저는 나가겠습니다."

　"예, 다음 주에 나갈게요."

　그러나 그는 나오지 않았다. 그런데도 이들에게 개인적인 관심과 초청을 전하는 것이 중요하다고 나는 믿는다. 무관심하고 무지한 이들이 자신들의 죄를 알고 주님의 구원을 간구할 수 있도록 기도하여 주기를 바란다.

멘지스와 동료 가족들(Menzies with Colleagues' Family, 1916)

또한 한두 번 교회에 나왔지만 믿음이 없거나 환경적인 이유로 다시 세상으로 돌아간 사람들이 있다. 이곳에는 가난이 만연해 있는 것이 현실이다. 쌀과 다른 생필품이 너무 비싸다.

나는 주일학교에서도 가르치고 있다. 이것까지 현재 내가 감당할 수 있는 일의 양이다. 학교의 학생들에게 선한 영향을 끼칠 수 있도록 기도해 주기를 요청한다. 이 일에는 많은 지혜와 애정 어린 동정심이 꼭 필요하기 때문이다.

우리는 니븐과 맥피가 평양의 한국어 학교에서 공부를 다 마치고 돌아오기를 고대하고 있다. 이들이 이번에 그곳에서 수업할 수 있어 매우 기쁜데, 우리 사역에 한국어 능력이 꼭 필요하기 때문이다. 알렉산더도 같은 기회를 가질 수 있기를 바란다. 그녀는 용감하게 지금 계속 일하고 있는데, 학교가 방학을 하면 상황의 변화가 있을 것이다.

나는 가끔 엥겔 부인은 이 일을 어떻게 다 감당하였는지 궁금하다. 아들을 키우고, 남편 일도 돕고, 집안일은 말할 것도 없이 말이다. 그녀는 정말 용감하게 이 모든 일을 잘 감당하고 있다.

7월 8일, 부산진에서, 멘지스

(「더 크로니클」, 1912년 9월 2일, 4-5)

부산진 호주여선교사관(Women Missionaries House, Busanjin, 1903)

57. 고아원의 아이들

미우라고아원에는 현재 18명이 있다. 그중 금이와 매물이를 포함한 9명이 빅토리아교회의 지원을 받고 있다. 학교 기숙사에는 6명이 있고, 2명의 한국인 교사 그리고 사감이 있다. 때로 이들 중에 성격 차이가 드러나기도 하지만 모두 행복하게 지내고 있다.

각 소녀는 자신에게 할당된 일이 있다. 가장 나이가 어린 두 명도 집안일을 깨끗이 해야 한다. 점수 제도가 있어 가장 높은 점수를 받는 아이는 연말에 상품을 받는다. 낮에는 학교에서 저녁에는 집에서 학습하는데, 식탁을 차리고 빨래를 하고, 여유시간이 많지 않다.

금요일 오후 수업이 다 끝나면 아이들은 시냇가로 가 일주일 동안 나온 빨래 초벌을 한다. 그리고 집으로 다시 가지고 와서 삶고, 토요일 다시 시냇물에 헹군다. 그리고 햇볕에 말리고 다림질까지 한다. 사감이 이 모든 일을 지도한다. 방학의 첫 3주 동안 학생들은 솜으로 된 겨울옷을 준비하느라 바쁘다.

일본의 새 법령에 따르면 마지막 시험을 통과한 학생들은 4달 후에 졸업장을 받게 되어 있다. 금이도 4달 더 연기될 것이다. 우리는 그녀가 방학 중에 우리와 함께 할 수 있어 크게 기뻤다. 우리는 그녀의 웃음소리가 그리운바, 모든 과정을 마치면 학교의 외부 교사 자리로 들어올 것이다.

심 목사의 작은 딸 순의는 기숙사에 있는데, 그녀와 나이가 같은 보경이와 좋은 친구이다. 매물이는 아름다운 성격이고, 매우 유용하

멘지스와 무어 그리고 고아들
(Menzies, Moore & Two Orphans)

여 엄마의 오른팔이다. 사감의 일도 점점 좋아지고 있고, 나는 그녀를 좀 더 가까이 감독하고 있다. 그녀는 이제야 글을 배우는 것이 필요하다고 느끼고 있다.

학기 말에 좀 더 진전된 보고서를 쓸 수 있기를 나는 희망한다. 이곳의 학생들이 진정한 그리스도의 제자가 되고, 미래의 한국 여성에 도움이 되도록 한 명 한 명을 위하여 기도해 주시기를 바란다.

멘지스

(「더 크로니클」, 1912년 12월 1일, 4-5)

58. 아름다운 국기

세월이 얼마나 빠른가. 다양한 변화가 있던 3개월이 또 지나갔다. 이 기간에 우리는 다시 돌아온 선교사들을 환영하였고, 새 선교사들을 만나기도 하였다.

매물이는 학업을 위하여 평양에 가 있다. 중등학교에서 가르칠 수 있는 학위를 받을 것이다. 그녀는 열심히 공부하였고, 3학년 입학시험에 합격하였다. 그러므로 그녀는 2년만 더 공부하면 과정을 모두 마칠 것이다. 이곳에서는 물론 그녀를 그리워하지만, 그녀의 앞길을 막으면 안 되었다. 그녀가 어서 마지막 시험을 잘 보기를 우리는 모두 희망한다.

금이는 이번 3월에 공부를 다 마치지 못하여 우리는 매우 실망하였다. 일본 교육국의 정책이 바뀜으로 그녀는 졸업증을 받기 위해 1년간 더 공부해야 한다. 그녀는 특히 한 과목을 매우 어려워하고 있는바, 기도를 요청하고 있다.

우리 학교의 모든 여학생이 한 학년씩 올라갔다. 복세기(문복숙)가 우등을 하여 새 성경을 상품으로 받았다. 가장 뒤처진 봉남이는 이번 학기에는 조금 진보를 하였다. 두레와 심 목사의 딸 순의는 매우 아팠으며, 나는 일본인 의사를 불렀다. 이들은 이제 나아졌지만, 이러한 이유로 우리에게 우리의 의사가 필요하다.

기숙사에 몇 년 있던 박은아는 올해 졸업을 하고, 마산포학교 교사로 갔다. 그녀가 그곳에서 맡은 일을 잘하기를 바란다. 학교의 다른 아이들도 다 잘 있고, 바쁘게 지내고 있다. 두 주의 방학을 마치고 다시

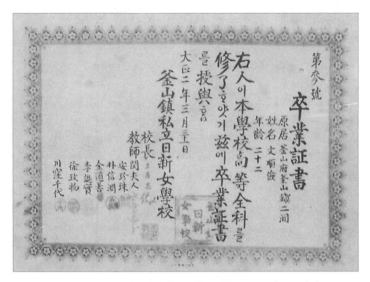

부산진일신여학교 1회 졸업증서
(Ilsin first Graduate Certificate, 1913)

개교하였기 때문이다. 방학 동안 나는 마산포를 방문하였고, 그곳의 동료들과 행복한 시간을 가졌다.

학교의 모든 인원은 하퍼 여사가 보낸 아름다운 연방 국기에 감사하고 있다. 국기를 게양할 봉이 학교에 세워지면 특별한 행사가 있을 때마다 높이 달릴 것이다. 시간이 날 때마다 나는 우리 학생들을 지원하는 개인들에게 편지를 쓸 것이다. 이 일을 위하여 계속 기도해 주기를 바란다.

멘지스

(「더 크로니클」, 1913년 8월 1일, 5-6)

59. 에베네저, 한국을 위한 '선물 기부의 날'

에베네저학교 강당에서 여선교연합회의 회장과 회원 주최로 여성들의 커다란 모임이 있었다. 한국을 위한 '선물 기부의 날'이었다.

에베네저교회는 특히 한국 선교에 애정을 품고 있는바, 초기 그들의 교회와 학교에 관계된 한국 선교사만도 멘지스를 포함하여 엥겔 부인, 왓슨 선교사가 있기 때문이다.

이 행사에서 회원들은 한국으로 보낼 미션 박스를 만드는 일을 하였는데, 박스 안에는 부산에서 필요한 많은 물품으로 채워졌다. 옥양목, 침대보, 베개보, 병원을 위한 침대보, 붕산, 바셀린, 유칼립투스 오일, 각종 비누, 골무, 주삿바늘, 솜, 여러 색조의 구슬, 모직 끈, 양모장갑 등이었다.

(「더 크로니클」, 1913년 11월 1일, 11)

Ebenezer, 'gift afternoon' for Korea

An interesting function was held in the Ebenezer school room, when a large gathering of ladies attended an 'at home' given by the president and members of the Women's Missionary Union. It took the form of a 'gift afternoon' for Korea.

The Korean Mission appeals specially to the Ebenezer folk, as Mrs. Engal, Miss Menzies, and Rev. Robert Watson, who are labouring in Korea, were in their earlier years connected with the Ebenezer Church and school.

The gifts for the mission box included calico, sheeting, pillowcase, linen (for hospital), packages of boracic acid, jars of vaseline, eucalyptus, soap of various kinds, thimbles, of all sizes, needles, cottons, and beads of every hue, woollen cuffs etc.

(*The Chronicle*, Nov 1, 1913, 11)

60. 봉남이의 결혼식

9월 18일 우리의 학생 중 한 명이고, 다리월의 호프 양이 지원하는 봉남이가 초읍에서 김채수와 결혼을 하였다. 그는 젊은 기독교인 농부이다. 이날은 한국의 공휴일이었고, 날씨도 화창하였다. 교회당 안의 여성 칸은 여성으로 붐볐다. 봉남이는 차분하였으며, 예쁜 분홍색 비단 겉저고리와 짙푸른 색의 비단 치마를 입었다. 예식 후 신랑 신부 친구들은 모든 선교사와 함께 작은 잔치에 초청되었다. 국수, 과자, 사탕, 과일 등이 준비되어 있었다. 신랑과 친구들 그리고 남선교사들을 위한 음식은 우리 학교의 식당에 차려졌고, 신부와 친구들 그리고 여선교사들의 음식은 다른 두 방에 준비되었다.

테일러 박사는 매우 좋은 축음기를 계속 틀어 모두를 즐겁게 하였다. 한국인들은 특히 만담을 들으며 웃었다. 잔치 후에 신부는 가마에 그리고 신랑은 나귀를 탔다. 그리고 예물을 소의 등 위에 싣고 자신들의 임시 집으로 향하였다. 새집은 아직 공사 중이었다. 한국인의 처지에서 보면 신부는 행운이라 하였는데, 시어머니가 없기 때문이다. 우리는 그녀를 그리워할 것이다. 총명한 학생은 아니었지만, 그녀는 집안일을 잘하였다. 세윤이, 동냥이, 두레, 복세기, 복순이, 복윤이 등 모두 잘 있고, 바쁘다.

넬리 펄 맥켄지가 우리 중에 태어나 큰 기쁨이다. 어서 그 아이를 돌볼 수 있는 시간이 오기를 우리는 고대하고 있다. 이 아이에 대하여 학생들이 하는 말이 흥미롭다. 아기를 잠깐 볼 수 있었을 때 복윤이는

멘지스와 맥켄지 딸들(Menzies & Mackenzies' Girls)

매우 큰 관심을 가지며, 눈을 떼지 못하였다.

한번은 학생들이 나에게 묻기를 넬리와 엘시 엥겔 중 누가 더 예쁘냐는 것이었다. 나는 대답하였다.

"둘 다 똑같이 예쁘지. 달콤하고 귀하고 사랑스럽고…."

금이와 매물이도 잘 있다. 이들로부터 좋은 보고서를 받고 있다. 이들도 새아기들을 볼 날을 손꼽아 기다리고 있다. 그러나 몇 개월은 더 참아야 할 것이다. 마산에서 온 소녀들도 잘하고 있다. 이들이 장차 좋은 기독교인이 되기를 바란다. 일본 천황 생일에 우리의 연방 국기를 학교 정문에 걸었다. 학생들과 자신을 위하여 계속 기도하자.

멘지스

(「더 크로니클」, 1914년 2월 2일, 2)

61. 신복이의 출현

또 3개월이 지나갔다. 특별히 변한 것 없이 일상생활이 이어졌다. 모두 열심히 공부하며 일하고 있고, 아픈 학생도 거의 없다. 마산포에서 온 작은 소녀 봉래가 학교와 집에서 잘 적응하고 있어 여러분도 반가울 것이다. 여러분의 기도가 응답되고 있는 것이 확실하다. 장차 이 아이가 주님을 증거하는 일꾼이 될 수 있기를 희망한다.

학생들 모두에게 성탄절은 행복한 날이었다. 올해에 두레는 성탄나무 아래에 있는 것을 자신의 엄마에게 선물하였다. 자신이 직접 만든 손수건이다. 다른 학생들도 무엇인가 만들어 사감이나 선교사들에게 선물하였다. 자신이 손수 만들어 선물을 주는 것은 이타적인 정신을 갖게 하고, 받는 것보다 주는 기쁨을 배우게 한다.

우리 학교에 무언가 특별한 일이 일어났다. 1월 10일 토요일 아침 6시가 좀 지나 맥켄지 부인은 아기 우는 소리를 들었다. 처음에 그녀는 봉윤이의 울음일 것으로 생각하였다. 그러다 아주 어린 아기의 울음소리라는 것을 알았고, 남편에게 부탁하여 밖을 보게 하였다. 그는 울음소리가 대문 밖에서 나는 것을 알았고, 즉시 옷을 입고 등불을 들고 문밖을 보았다. 문밖의 정원 풀밭 위에 한 아기가 누워 울고 있었다.

맥켄지 부인은 나를 깨웠다. 그리고 아기를 집 안으로 들였다. 아기가 차갑지 않은 것으로 보아 그리 오래 밖에 있지는 않았다. 그 아기는 더러운 천으로 말아 있었다. 맥켄지 부인은 기숙사 사감을 불러왔다.

아침에 나는 다시 그 아기를 보았는데, 다섯 달도 안 된 여아였다.

멘지스가 입양한 신복이
Sinbok adopted by Menzies, 1914

우리는 우유를 주고 씻겼다. 아기 머리와 몸에 상처가 많이 있었다. 잘 먹이기는 한 것 같은데 오래 씻지 못한 모습이었다.

나는 경찰을 불러오라고 하였다. 일본인 서장이 한국인 경찰을 대동하고 왔다. 내가 이들을 부른 것은 우리가 잘 먹이고 잘 돌보면 다른 아기들도 이곳에 유기될까 걱정해서였다. 일본 서장은 나에게 이 아기를 어떻게 하면 좋겠냐고 물었다.

"우리가 맡겠습니다. 이 아기를 다시 길 위에 버릴 수는 없지 않겠습니까?"

그는 감사하다고 말하면서 자기 딸의 옷과 연유 한 통을 보내왔다. 마을의 촌장도 우유 2통을 보내어 아기를 돌보아 주어 감사하다고 하였다.

기숙사 사감은 아기를 키워보지 못한 여성인데 이 아기에게 점점 빠지고 있다. 학생들도 좋아하였다. 앞으로 이 아기를 잘 돌보아 줄 것이다. 상급반 학생들이 나에게 말하고는 하였다.

"우리에게 아기가 있다면 좋지 않겠습니까?"

나는 대답하였다.

"아니요. 지금은 키우기가 어려울 거예요."

그러나 나도 사감처럼 이 아기를 떠나보내기를 원치 않았다. 하루는 내가 사감에게 물었다.

"만약 부모가 나타나면 다시 돌려줘야지요."

"인제 와서 돌려주기 매우 힘들 거예요."

사감은 대답하였다. 학생들도 같은 의견이었다. 이 아기는 자신과 함께 사랑으로 우리에게 온 것이다.

알렉산더가 방금 받은 옷감으로 학생들은 아기를 위한 담요와 옷을 만들었다. 우리는 이 아기를 신복이('새해의 축복'이란 뜻 – 역자 주)

멘지스와 민신복(Menzies and Min Sinbok)

라고 불렀다. 학생들이 아기의 모든 순간을 지켜볼 것이고, 이들 사이에서 버릇없이 클 것이 염려된다. 아기 머리와 몸에 있는 상처가 다 없어지면 아기는 더 예쁠 것이라 한다.

북쪽(평양 – 역자 주)에 있는 학생들도 다 잘 있고, 공부를 열심히 하고 있다. 여러분이 이 아이들을 보좌 앞에 기억할 때 특히 마지막 달을 보내고 있는 금이를 위하여 기도해 달라. 그녀는 4월에 모든 수업을 마칠 것이며, 그 후 우리 학교에서 교사로 가르칠 것이다. 빅토리아 여선교연합회 회원 모두에게 행복하고 복된 새해가 되기를 기도한다.

멘지스

(「더 크로니클」, 1914년 4월 1일, 7)

62. 태풍

지난 보고서 후에 새로운 내용은 없다. 학교는 개학하였고, 아이들은 모두 수업에 참석하며 열심히 공부하고 있다. 이곳에 태풍이 왔었는데 학교의 큰 대문이 땅에 떨어졌다. 내가 이곳에 온 후 경험한 악몽 같은 밤중의 하나였다. 다른 큰 피해는 다행히 없었다. 마루와 바닥을 손보아야 했고, 방 3개의 바닥에 기름종이를 모두 다시 발라야 했다. 지금은 물이 안 새며, 새것이고, 깨끗하다.

학생 모두의 건강은 양호하다. 매물이는 공부를 위하여 다시 우리 곁을 떠났다. 우리는 그녀를 매우 보고 싶어 한다. 신복이는 귀여운 짓을 많이 하여 우리 모두에게 여전히 기쁨이다.

1914년 10월 14일, 부산진에서, 멘지스

(「더 크로니클」, 1914년 12월 1일, 13)

▶후에 멘지스는 신복이를 양녀로 입양하였고, 성을 자신의 한국 성 민씨를 써서 민신복이라 하였다. 부산진교회 생명록에도 민신복은 멘지스의 양녀로 기록되었다.

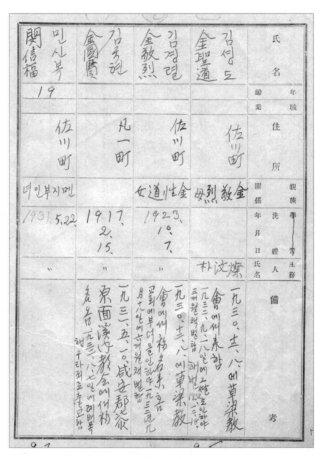

멘지스 양녀 민신복, 부산진교회 생명록
(Min Sinbok as Menzies' daughter, Busanjin Church
Membership Roll)

63. 산타클로스 맥켄지

우리 학교와 고아원에 있는 아이들에 관하여 보고를 한다. 지난 3개월 동안 큰 변화는 없다. 수연이의 모친이 '본향'의 부름을 받았다. 모친이 처음 아플 때 그녀는 모친을 방문하였었다. 수연이는 어머니가 그리스도와 함께 있다고 믿었고, 먼저 떠난 아버지도 다시 만났다고 확신하였다. 수연이는 총명하지는 않지만 믿음이 깊고, 매우 성실한 기독교인이다.

동냥이는 계속 성장하고 있다. 공부에도 좋은 진전이 있고, 그녀도 성실한 기독교인이다. 두레도 학교 수업을 잘 받고 있다. 기말시험에 좋은 성적을 거둘 것이라 믿는다. 그녀는 특히 산수를 잘하며, 신앙도 있지만, 아직 교회에는 나가지 않고 있다.

복세기는 일을 잘하지만 때로 부주의하여 곤경에 빠진다. 편지를 받고 기록하고 하는 등 매우 유용한 일을 하여 우리의 시간을 절약해 주고 있다. 매우 느리지만 특정한 종류의 일은 잘하는 복순이는 공부에 특별하지는 못하다. 이번 학기 말에는 작년보다 더 좋은 결과를 희망한다. 봉영이도 공부를 더 잘할 수 있지만, 바느질을 잘하며 어린아이들을 좋아한다. 매물이는 여전히 북쪽에서 공부하고 있다. 폐에 약간의 염증이 있어 그녀는 일주일 동안 병원에 있었다. 지금은 다 나아 바쁘게 지내고 있다.

성탄절에 학생들은 선물을 받아 기쁘고 행복하였다. 성탄 이브에 맥켄지가 산타클로스로 변장하여 선물을 나누어 주었는데, 모두 즐거

부산진일신야학교 4회 졸업기념(Busanjin Evening Class Graduation)

워 하였다. 새해 아침에 우리는 고백과 회개의 시간을 가졌고, 그리스도가 원하는 삶을 살 수 있도록 성령의 도우심을 간구하였다. 이들의 기도가 풍성히 응답되도록 그리고 학교와 숙소의 학생들과 교사 모두 더 진실해질 수 있기를 우리와 함께 기도해 주기를 바란다.

1915년 1월 18일, 멘지스

(「더 크로니클」, 1915년 3월 1일, 7)

64. 심 목사 부인과 전도

심 목사 부인과 나는 가정 전도를 시작하였다. 아마 여러분 중에 이 이야기에 관심이 이는 사람이 있을 것이다. 첫 번째는 젊은 남성의 집이었는데 교회에 나왔다가 안 나왔다 하는 사람이었다. 신앙에 대한 분명한 입장이 없는 남성이다. 이 집에는 80세가 넘은 깨끗한 할머니 한 분이 계셨다. 그녀는 오랫동안 불교 신자였다.

이 남성의 두 번째 아내인 며느리는 아이가 없었다. 그러나 첫째 아내가 두 명의 아이를 남겼기에 실망은 되지만 특별한 어려움은 없었다. 두 명의 손자 중 큰 손자는 어린아이가 있었고, 둘째는 첫아들을 잃었지만 갓 난 딸이 있었다. 지난번 그 장례식에 관하여 알렉산더가 편지를 쓴 적이 있다.

젊은 남성의 아내가 교회에 출석하는데, 아들의 아내도 교회에 나오기를 원하였다. 그러나 시어머니가 막고 있었던 것이다. 젊은 남성과 아내는 다 성경을 읽을 수 있다.

우리가 하는 이야기를 관심 있게 듣던 그 시어머니는 말하였다.

"지금 와서 내가 무슨 새것을 배우겠습니까. 나는 불교 경전을 많이 배웠습니다. 다른 나라에서 온 것은 잘 모릅니다."

"불교도 다른 나라에서 온 것입니다."

우리는 대답을 하였다. 시어머니는 그동안 절에 드린 시간과 돈이 있기에 종교를 바꾸기는 어려울 것이라는 생각이 들었다. 돈 한 푼도 안 들이고 구원을 받을 수 있는데, 그 할머니가 그것을 모른다니 안타

까웠다. 우리가 떠나려 하자 그녀는 다시 방문하여 달라고 하였다.

두 번째 집은 가정에서 차남의 집이었다. 그의 아들은 교회를 다니다가 세례를 받았고, 지금은 미국에서 법학을 공부하고 있다. 차남의 아내는 우리의 말에 귀를 기울여 들었다. 그녀는 말하였다.

"미국에 있는 아들은 친구들에게 교회에 가 성경을 배우라고 편지하고 있습니다."

그러나 그녀도 그동안 불교를 믿어왔기에 새것을 배우기에는 너무 늦었다고 말하였다. 그러면서 교회에 나갈 수도 있지만, 남편이 막는다는 것이었다. 그녀는 글을 알기에 나는 성경을 주려 하였다. 그러나 그녀는 그것마저도 거절하였다.

우리가 떠날 때 심 목사 부인은 말하였다.

"이제 그리스도가 누구인지 전혀 들어 보지 못하였다고 핑계를 댈수 없습니다. 외국인에게 들은 것이 아니라 같은 경험을 하였던 나에게서 들은 구원의 소식입니다."

이 여성은 목포에서 왔는데 그녀의 모친은 기독교인으로 사망하였다고 하였다. 그때 내가 말하였다.

"만약 엄마를 다시 만나기를 원한다면 당신도 믿어야 할 것입니다."

세 번째 집은 이날 오후에 마지막으로 방문한 집이다. 그 집 여성은 총명하게 보였는데 다음과 같이 말하였다.

"전에 믿기를 원했습니다. 참된 종교인 것을 압니다."

그러나 이 집도 남편이 막고 있었다. 여성은 남편의 핍박을 이겨낼힘이 없었던 것이다. 마당에서 쌀을 찧고 있는 노인 한 명을 가르치며 여인이 말하였다.

"저분이 저의 시어머니입니다. 기독교인이지만 저희와 같이 살지 않습니다. 언젠가 남편이 허락하면 교회에 가 더 배우고 싶습니다."

우리는 오후 심방을 마치고 집으로 돌아왔다. 그리고 방문한 가정에 생명의 빛이 비치기를 간구하였다. 심 목사의 아내는 좋은 일꾼이며, 좀 더 시간을 내어 이 일을 할 수 있으면 좋겠다는 생각이 들었다. 그러나 그녀는 다섯 명의 자녀를 돌보느라 거의 불가능할 것이다.

1월 21일, 멘지스

(「더 크로니클」, 1915년 4월 1일, 4)

심취명(Sim Chew Myung, 1904)

65. 독감의 유행

지난 3개월은 그전보다 더 다양한 일들이 있었다. 가장 추운 겨울 중의 하나였다. 이 지역에 눈도 기록적으로 왔다. 독감도 유행이었는데 우리 학생 중 4명만 제외하고 모두 걸렸다. 한 아이가 나아지면 다른 아이가 걸리곤 하였다. 기숙사 학생 중 2명은 증상이 너무 심하여 회복하는 데 한참이 걸렸다. 독감에 안 걸린 아이들은 심한 감기에 걸렸다.

맥켄지는 친절하게 학생들을 위하여 약을 준비하였는데 효과적이었다. 기숙사에 거하는 교사 중 한 명인 덕수는 부친이 사망하여 마산에 다녀왔다. 우리 모두 그녀를 위로하였다.

그리고 학기 말이 다가왔다. 기말시험으로 학생들은 긴장하였지만, 열심히 공부한 아이들은 좋은 결과를 받았다. 기숙사생인 신해와 명윤이는 반에서 각각 우등하였다. 모범상은 동연이와 수연이가 받았고, 복선이를 제외하고는 모두 상급반으로 진급하였다. 모두 기뻐하였다. 학생들은 이제 겨울옷을 빨래하고, 다리고, 바느질하여 옷장에 넣고, 봄옷을 꺼내고 있다.

매물이는 공부를 매우 잘하였다. 그런데 이번 겨울에 심한 감기에 걸리어 폐에 영향이 갔다. 여름방학 때 그녀가 집에 오면 모두 반갑게 맞이할 것이다.

이들을 위하여 후원하는 여러분 모두에게 다시 한번 감사한다. 여학생들과 나를 위하여 계속하여 기도해 달라.

미우라학원 가족(Myoora Institute Family, 1916)

1915년 4월 7일, 부산진, 멘지스

(「더 크로니클」, 1915년 8월 2일, 7)

66. 새 기숙사 사감

세월이 빠르다. 지난번 보고서를 보낸 이후 벌써 3개월이 지났다니 말이다. 가장 큰 소식은 기숙사 사감이 바뀌었다는 사실이다. 지난번 사감은 여러모로 불만족스러웠다. 새 사람을 구하는 것은 어려운데 여러 자격이 있어야 하고 또 너무 나이 든 사람도 피해야 했다. 3주 동안이나 우리는 사감이 없었는데 그동안 옛 할머니가 와 우리를 도왔다.

새 사감은 11살의 딸이 있다. 그 아이를 3마일 정도 떨어져 있는 친척에게 맡기고, 그녀는 우리 기숙사에서 일할 수 있었다. 이 여성은 지난 사감보다 성격이 좋다. 앞으로 잘하기를 희망한다. 기숙사에 새 학생이 들어왔는데 이름이 송명진이다. 울산에서 왔다. 괜찮은 소녀이다.

데이비스 양이 휴가를 떠나기 전 방과 후에 특별사경회를 하였다. 많은 학생이 믿기로 작정을 하였다. 복세기는 확실히 태도의 변화가 있었고, 다른 두 명은 맹세의 심각성을 잘 이해하지 못하는 것 같았다. 이들도 점차로 알 수 있기를 바란다.

자신의 방학 동안 이곳에 온 매물이를 모두 반겼다. 그녀는 공부를 잘하고 있고, 모든 것이 순조롭다. 오는 3월에 졸업하면 우리 학교에서 가르칠 것이다. 그녀는 총명하고 성격도 좋아 모두 좋아한다.

현재 우리 기숙사에는 사감과 신복이를 포함하여 모두 17명이 있다. 신복이는 점점 흥미 있는 아이가 되고 있고, 종종 스스로 우리를 보러 온다. 몇 명은 그들의 집으로 다시 돌아갈 것이다. 마산에서 온

호킹과 한국어 교사 순애
(Hocking studying Korean Language, 1916)

두 명은 이곳에서 지낼 것이고 그곳의 동료들은 휴가를 보낼 것이다.

학생들의 건강은 다 좋은 편이다. 소녀들과 함께하는 우리 사역에 지혜와 사랑이 더하도록 기도해 주기 바란다.

1915년 7월 7일, 부산진, 멘지스

(「더 크로니클」, 1915년 10월 1일, 5)

67. 어둠 속에서 빛으로

언제부터인지 상균이의 모친이 부산진교회에 참석하기 시작하였다. 그녀는 신앙에 깊은 관심을 가졌고, 얼마 후에 세례 반에 들어왔다. 그녀는 열심히 배웠고, 신앙을 고백하여 세례를 받고, 정회원이 되었다. 잘 읽지는 못하지만, 그녀의 신앙은 은혜롭게 성장하였고, 다른 사람의 말도 진실하게 듣고 지혜로운 답을 주었다.

그런데 몇 년 동안 교회를 잘 나오다가 안 보이기 시작했다. 심 목사의 아내가 그녀를 심방하였다. 알아본즉슨 그녀의 집 옆에 새 이웃이 이사하였는데, 그 이웃의 교회에 나가지 않으면 먼저 떠난 아이들을 만날 수 없다는 것이었다. 심 목사의 아내는 상균이의 모친에게 깨달음을 주었고, 그녀는 주일에 다시 우리 교회에 나오기로 하였다.

심 목사 아내는 그 이웃이 또 그녀를 막을까 봐 염려되어 주일 아침 일찍 아기를 업고 상균이네로 갔다. 아니나 다를까 그 이웃은 상균이 모친을 붙잡고 자기네 교회에 가자며 설득하고 있었다. 심 목사 아내는 즉시 방으로 들어가 상균이 모친을 데리고 나왔다. 그 이후부터 상균이 모친은 아플 때를 제외하고는 절대 교회에 빠지지 않는다.

당시 그녀는 자기의 얼굴 볼이 아프다고 하였는데 점점 나빠졌다. 코와 목까지 문제가 생겼다. 그녀를 일본인 의사에게 보냈고, 의사는 그녀에게 중병에 걸렸다고 하였다. 약을 한 달 정도 복용한 후 그 병을 고칠 수 있을지 없을지 말해 줄 수 있다고 하였다. 그녀는 한 달 동안 약을 먹은 후 그 의사를 다시 찾았다. 그리고 그는 그녀를 고칠 수 있다고 진단하였다. 그리고 긴 치료의 시간이 시작되었는데 기력이 있을 때는 자신이 병원에 가 약을 타오고, 너무 아플 때는 남편이 가서 약을 받아 왔다. 그녀는 때때로 죽기를 원한다고 하였다. 그러면서 이렇게 말하였다.

"하나님은 저에게 큰 은혜를 주셨습니다. 그의 뜻대로 하겠습니다."

그녀는 자신에게 주어진 것들에 넘치도록 감사하였다. 그녀의 남편도 그녀의 영향으로 신앙에 관심을 가지기 시작하였고, 교회에 나가자 크게 기뻐하였다. 어떤 친구들은 그녀에게 굿을 하라고 하였다.

"그런 것을 해서 무슨 소용이 있겠어요. 아닙니다. 모든 것은 아버지의 뜻에 달렸습니다. 그분이 나에게 주신 은혜를 생각하면 이 모든 것을 감당할 수 있어요."

그녀의 대답이었다.

그녀가 점점 쇠약해져 가는 것을 우리는 목도하였다. 그녀의 생명을 빼앗아 가는 것이 암이라는 사실을 우리는 알았다. 많은 인내 중에 그녀는 자신의 작은 방에 누워 있었다. 우리가 마지막으로 방문하였을 때 그녀는 무엇이라고 말을 하였지만 알아들을 수 없을 정도였다. 교인들은 그녀가 좋아하던 찬송을 부르며 함께 기도하였다. 며칠이 더 지나자 그녀가 사랑하고 의지하였던 주님이 마침내 그녀를 불렀다. 그곳에는 어둠이 없고, 빛만 있는 곳이다. 완전한 평화가 있는 곳 말이다.

멘지스

(「더 크로니클」, 1915년 12월 1일, 5)

68. 연말의 동정

이 보고서는 1915년 마지막 보고서이다. 지난 1년 동안 주님이 우리에게 베푸신 은혜로 인하여 우리는 감사하다. 지난 3개월 동안 우리 학교에 변화가 좀 있었다. 교사인 박덕술이 부산진을 떠나 진주의 학교 교사로 갔다. 그녀는 아주 어릴 적부터 우리와 함께 살았는데, 그녀가 떠나 섭섭하였다. 그녀는 공부를 다 마치고 교사가 되었고, 우리 기숙사에서도 한동안 살았다.

알렉산더의 옛 교사 아이인 최동연은 휴가차 언니가 있는 함흥을 방문하고 있다. 그곳에서는 그녀가 그곳에 계속 머물기를 원하였지만, 동연은 새 학기에 학교로 돌아오겠다고 약속하였다며 거절하였다. 그러나 그들은 그녀가 그곳에서도 학교와 교회를 다닐 수 있다고 하였고, 캐나다 선교부도 가까이 있다고 설득하였다. 그녀는 일단 부산으로 돌아왔는데, 그곳에서 편지가 왔다. 우리는 매우 아쉬웠지만, 동연이가 그곳으로 가도록 허락하였다. 그녀는 매우 좋은 기독교인으로 생장하고 있었던 참이었다.

나중에 우리가 듣기로 그녀는 그곳에서 학교와 교회를 다니고 있으며 행복하게 지내고 있다고 하였다. 나는 맥밀란 박사에게 그녀를 잘 돌보아 달라고 편지하였다. 그녀의 친구들은 기독교인이 아니기 때문이다. 동연이가 믿음 안에서 강하고, 친구들을 구원으로 인도할 수 있도록 기도해 달라.

기숙사에서 몇 개월 생활하고 있는 명칠이는 중국어 교사와 아내가 있는 울산에 함께 살기 위하여 떠났다. 김은혜는 졸업하는 3월까지 우리와 함께하였고, 그 후 부산진에서 동래로 이사한 모친의 집으로 갔다.

다른 소녀들은 모두 잘 있다. 우리는 성탄절에 즐거운 시간을 가졌다. 학교는 24일 방학을 하였다. 12월 27일부터 1월 5일까지는 빨래 주간이다. 빨래와 다림질 그리고 바느질로 학생들은 바빴다. 방학 동안에 하는 일도 다른 종류의 노동이다.

1월 4일 오후에 나는 아이들과 함께 전차를 탔다. 이 아이들에게 전차는 처음이다. 일본인 구역을 방문하고 돌아왔다. 어떤 아이는 전차에서 어지럽다고 하였지만, 대부분 재미있어하였다. 신복이는 새해에 홍역에 걸렸지만, 이제 회복되고 있다.

새해에 3일 동안 5시 새벽기도회가 있었다. 나와 함께 기도회에 참석한 소녀들은 올해에도 기도 생활을 계속하며 성장할 것이다. 소녀들과 나는 지난 한 해 기도와 물질로 우리를 도운 모든 신실한 친구들에게 감사한다. 새해에 모두 행복하기를 소망한다.

1916년 1월 7일, 부산진, 멘지스

(「더 크로니클」, 1916년 4월 1일, 5)

69. 매물이의 복귀

또 다른 3달이 지났기에 본 보고서를 쓴다. 학년말에 관한 이야기가
포함됨으로 좀 더 흥미로운 내용이 될 것이다. 세 명의 여학생이 우리
학교의 현재 과정을 모두 마치었다. 두 명의 기숙사 학생과 명개인데
그녀는 원래 두레라고 알려진 우리 소녀 중 하나이다. 복윤이를 제외한
모든 학생은 진급하였고, 공부를 잘하였다. 우리는 매우 만족한다. 복
순이는 한쪽 눈에 문제가 생기어 일본인 안과 의사를 방문하였다.

매물이도 평양의 학교에서 학업을 다 마치었다. 이제 우리 학교에
서 가르칠 준비를 하고 있다. 금이는 매물이가 돌아와 좋아하고 있고,
우리 모두도 반갑다. 그녀는 총명하고 능력이 있다. 그녀는 에센돈주
일학교 학생들에게 어떻게 감사를 표현해야 할지 모른다고 한다(멜버
른의 에센돈교회 주일학교 학생들이 서매물의 학비와 생활비를 후원
함. - 역자 주). 또한 그렇게 하도록 힘을 주신 하나님께도 말이다. 매
물이가 여러분에게 감사의 편지를 쓸 것이다.

그리고 울산에서 온 세윤이가 있다. 아마 봄에 결혼할 것 같다. 한
명씩 자신의 생활을 찾아가고 있다. 신복이도 매일 흥미롭게 자라고
있다. 요즘에는 호킹 선교사를 따라다니는데 '이모'라고 부른다.

여러분의 중보기도에 우리를 기억하여 주기를 바란다. 우리 소녀
들이 은혜롭고 그리스도를 아는 분량에까지 이르게 말이다. 후원자 여
러분 모두에게 감사한다.

멘지스

평양여자신학교(Women's Bible College in Pyeng Yang)

(「더 크로니클」, 1916년 6월 1일, 5)

70. 에센돈주일학교에 보내는 서매물의 편지

친애하는 친구 여러분, 여러분께 오랫동안 편지를 쓰지 못함을 용서하시기 바랍니다. 여러분을 사랑하는 마음이 없거나 생각을 안 해서가 아니라 영어로 편지를 쓰기가 부족해서입니다. 공기가 지구를 채우듯이 여러분에 대한 감사가 제 마음속에 있습니다. 그 빚을 어떻게 모두 갚을 수 있을지 엄두도 안 납니다. 다만 여러분을 위하여 기도하는 것으로 일부분을 돌려드립니다.

여러분은 저를 20년간 돌보아 왔습니다. 여러분은 저를 만나지도 못하였고, 여러분의 소원을 저는 들어줄 능력도 없는 사람입니다. 여러분의 도움으로 저는 1913년 평양의 여자대학교에 갈 수 있었습니다. 그리고 매년 시험에 합격하며 학위를 다 마칠 수 있었습니다. 그리고 올해 3월 졸업을 하였습니다. 우리 학교의 졸업식은 평양의 큰 감리교회에서 열렸고, 3천 명이나 모였습니다. 저의 가슴은 감동으로 차올랐고, 하나님께 먼저 감사하며 그리고 여러분께 감사합니다.

이 학교에서 3년 동안 공부할 때 다음과 같은 과목을 이수하였습니다. 신구약성서, 한문, 사서, 역사, 지리, 윤리, 요리, 영어, 일본어, 수학, 대수학, 작문, 교육제도, 생리학, 동물학 그리고 식물학입니다.

제가 평양에 있을 때 매주 주일학교에서 소녀들을 가르쳤고, 우리 학교 선교회의 회계를 맡았습니다. 이런 것들이 저에게는 즐거움이었고, 저에게 도움도 되었습니다. 우리 선교회에서 한 달에 한 번씩 선교사가 와 강연하였고, 여러 가지 목적으로 헌금도 하였습니다. 작년에 우리는 벨지안구호기금에 10파운드를 송금하였습니다. 또한 우리는 '왕의 딸들'이라는 모임도 있습니다. 매주 한 번씩 모여 성경공부와 기도 그리고 간증을 하였고, 도움이 되었습니다.

이제 저는 부산진으로 돌아왔습니다. 이곳 여학교에서 학생들을 가르칩니다. 친애하는 여러분, 많은 이야기를 더 쓰고 싶지만 이제 더 쓰기 어렵습니다. 데이비스나 알렉산더를 만나시면 저에 관한 이야기를 더 해 주실 것입니다. 엥겔 부인이 저에게 여러분이 저를 만나기를 원한다는 이야기를 들었습니다. 저도 여러분을 만날 수 있기를 간절히 바랍니다. 가능하면 빨리 저의 사진을 찍어 여러분께 보내 드리겠습니다. 예수 그리스도께서 여러분과 저와 항상 함께하시기를 기도합니다.

1916년 4월 20일, 한국
여러분을 사랑하는 친구 서매물

추신: 멘지스의 편지 중에서: "성경학교가 시작되기 전, 17일 동안 나는 나가사키에 있었다. 서매물이 쓴 이 편지를 동봉한다. 그녀는 이 편지를 먼저 한국말로 썼다. 그리고 맥켄지 부인이 번역하는 것을 도왔으나 그녀 스스로가 쓴 것이다. 매물이는 졸업장을 받았고, 모든 시험에서 우수한 성적을 받았다. 이제 교사 자격을 얻은 것이다. 그녀는 우리 학교에서 가르치고 있으며, 우리 모두 기뻐하고 있다. 그녀는 자신에게 해준 모든 것에 감사하고 있으며, 그녀의 영향력은 학교를 위하여 좋을 것이다. 그녀는 강하지만 겸손한 성격이다."

(「더 크로니클」, 1916년 8월 1일, 3-4)

Miss Menzies says of the above letter from Maymoury Suh:

When I was away in Nagasaki for seventeen days, before taking up the Bible Institutes work, Maymoury wrote the accompanying letter. She wrote in Korean, Mrs. Mackenzie helping her to translate it into English, and she wrote it herself.

Maymoury got a full diploma, doing well at her examinations, and is back in Fusanjin, and has received her permit to teach; she is now teaching in our own school, and we are delighted to have her in our mist again. She is exceedingly grateful for all has been done for her, and her influence on the school will be good, for she is a strong but humble character.

(*The Chronicle*, August 1, 1916, 4)

일신여학교 메이스 교장, 교사 그리고 졸업생, 1925

71. 조선 선교 25주년 기념 축하 예배

축하예배 순서

예배 의의 소개 / 심취명 목사

찬송 / 5장

기도 / 권두정 장로

초기 사역 소개 / 정덕생 목사

축하 노래 / 일신여학교 교사와 학생 일동

선물 증정 / 부산진교회 대표

선물 증정 / 빅토리아여선교연합회 (노블 맥켄지 목사)

감사 / 겔슨 엥겔 목사

성경 암송 (요 3장 16절) / 민신복

축도 / 정덕생 목사

후주

기념 촬영

축하 잔치

(「더 크로니클」, 1917년 1월 1일, 5)

▶「더 크로니클」의 글을 기반하여 예배 순서를 재구성한 것임.

멘지스의 금시계(PWMU Gift to Menzies, 1916)

72. 우리 엄마 만세

    (부산진) 교회는 멘지스에게 은메달과 금과 은으로 된 핀 그리고 한국의 귀부인들이 사용하는 은제 기념장을 선물하였다. 기념 메달 한 면에는 한국어가 새겨져 있었고, 다른 면에는 십자가가 새겨져 있었다. 양면 가장자리에는 25개의 별이 있었는데, 멘지스의 25주년 헌신을 상징하는 디자인이었다. 그리고 일신여학교의 교사와 학생들이 노래를 불렀고, 노래 가사는 멘지스를 칭송하는 내용으로 심 목사가 쓴 것이라 하였다.

    빅토리아여선교연합회도 멘지스를 축하하며 손목시계를 부산으로 보내었고, 맥켄지가 대신하여 멘지스에게 증정하였다.

    엥겔 목사는 이번 행사에 대하여 교회에 감사하였고, 버려진 아기였던 신복이가 나와 남성 쪽과 여성 쪽을 향하여 각각 인사하고 요한복음 3장 16절을 암송하였다. 그리고 양손을 번쩍 들어 "우리 엄마 만세" 소리를 쳤다. 그리고 〈헤일, 스마일링 몬〉이란 노래가 경쾌하게 연주되었는데 서매물의 특별 요청이라 한다.

    이윽고 기념예식을 모두 마치고, 앞마당으로 나와 기념사진을 촬영하였다. 그 후 준비된 다과를 나누며 여흥을 즐겼는데 외국인들을 위한 보리차와 일본 케이크 그리고 과자 등이 있었다.

(양명득, '호주선교사 벨레 멘지스', 『호주선교사 열전-부산과 서울』, 76-77)

'Hooray for our Mother'

This was followed by the presentation to Miss Menzies of a silver medal, a gold and silver pin, and a Korean silver ornament, as worn by ladies of the wealthier ladies.

The medal, which was a beautiful piece of work, has an inscription in Korean on the one side, and a cross on the reverse, from which emanate rays of light, while around the edge of both sides are twenty-five stars, emblematic of Miss Menzies' years of service.

Next came a song, the words of which were composed in Miss Menzies' honour by Sim Moksa, and which were sung by the teachers and senior girls of the dormitory.

Mr. Engel then returned thanks on behalf of Miss Menzies, after which Sinpogie, whom you all know as the orphanage baby, and who is supported by Miss Menzies, having bowed gravely and gracefully, first towards the men's part of the church, and then toeards the women's, repeated John 3 and 16 in her quaint baby way, afterwards rasing one little arm, and calling (in Korean, of course), 'Hooray for our mother'. The only English item on the programme, 'Hail, Smiling Morn', which was given by Maymoury's special request, was then rendered as a trio; its bright music appeals to the Korean ear.

(*The Chronicle*, Jan 1, 1917, 5)

73. 조선 선교 25주년 신문 기사

잠깐 오던 가을비는 소소한 서풍에 활짝 개이고 황국단풍이 명랑한 일기 10월 25일 오후 3시에 부산진 예배당에서 부산진 교우의 주최로 영국 여선교사 민지스 씨 조선선교 25주년 기념 축하회 예식을 거행하는데, 제장 찬송가와 권두정 장로의 기도로 거행한 후 정덕생 목사께서 민씨의 조선포교 시작시대로부터 오늘날까지 지내온 약사를 대강 낭독하는데 대략을 말하면 열심 전도하는 중 고난풍파를 몇 번이나 겪었어도 길이 참음과 조선 여자 교육이 급선무로 알고 여학교를 설립함과 혈혈무의한 아이를 거두어 금일까지 성심으로 수양하신 그 성적과 당신이 설립하신 부산진교회를 위하여 금실 같은 그 머리가 백발이 성성토록 힘쓰고 애쓰신 그 경력을 낭독함에 만장이 갈채하며….

또 왕길지 목사께서 민씨의 조선 선교에 대하여 그와 같이 양호한 성적을 진술하고 서매물 교사 이하 제씨의 청아한 축사가를 부른 후 심취명 목사께서 교우의 초대로 각처에서 들어온 물품과 은제 기념장을 드리고 정덕생 목사의 축복으로 폐회한 후 회원 일동이 기념 사진식을 행하고 여흥은 다과로써 종일 유쾌하였더라. 그 교회 교우들은 우리 주 앞에 간절히 바라는 것은 이 민지스 씨는 우리 조선에서 오십 년 기념회를 다시 오늘같이 거행하기를 간절히 바란다더라.

(「기독신보」, 1916년 11월 8일)

멘지스 한국선교 25주년(Menzies 25th Anniversary in Korea, 1916)

74. 부산선교부

멘지스 양: 미우라학원 담당, 성경학원 강의, 여성반 지원, 여성 주일학교 담당.

(「더 레코드」, Vol 4, 1917, 18)

호주장로교 선교회
(Australian
Presbyterian
Mission, 연대 미상)

Busan Station

Miss Menzies:

Charge of Myoora Institute, teaching in Bible Institute, assisting in women's classes, charge of women's Sunday School.

(*The Records,* Vol 4, 1918, 18)

75. 콜레라 전염병

지난 3개월 동안 특별한 일은 없다. 진주에서 온 데이비스의 제자한 명이 기숙사에 들어왔다. 매물이는 모친의 집으로 이사하였다. 그녀는 매일 할인된 가격으로 전차로 출퇴근을 하고 있는데, 여기서 거의 7마일이나 떨어져 있다. 우리와 함께 거주하면 좋겠지만, 자신의 가난한 모친과 함께 살려는 마음이 갸륵하다. 지금 우리는 그녀의 모친에게 실제적인 도움을 주고 있다.

이곳의 학생 모두는 데이비스가 다시 학교로 돌아와 기뻐하였다. 그녀는 지금 강의로 인하여 분주하다.

지금 이곳에는 콜레라 전염병이 돌고 있다. 우리 학생 대부분은 세럼을 접종하였다. 우리 지역에는 많은 감염이 없지만, 항구 근처에는 적지 않다. 매사에 주의하는 것이 지혜로울 것이다. 우리 선교부의 보호 속에 있는 학생들은 모두 건강하여 감사하다. 하나님의 은혜에 감사하다. 신복이도 잘 자라고 있으며, 소녀들 모두에게 큰 기쁨을 주고 있다.

(「더 크로니클」, 1917년 1월 1일, 6)

멘지스와 신복이(Menzies with Sinbok)

76. 울산 방문

11월 21일 아침 나는 두 명의 전도부인과 함께 부산을 떠나 울산에서 내리는 배를 창신포에서 탔다. 아름다운 아침이었으며, 바다도 고요하였다. 그러나 전도부인은 곧 어지러움을 호소하였고, 작은 선실 바닥에 누웠다. 선실 안에는 일본인들도 함께 있었는데 그들도 누웠다. 나처럼 나이 든 사람이 오히려 앉아서 뜨개질하는 것을 그들은 신기하게 생각하였다. 점심시간인데 그들은 밥을 먹는 것도 거부하였다.

오후 3시경 우리는 도착하였고, 소형 삼륜차가 기다리고 있었다. 우리의 짐을 앞에 싣고 우리 세 명은 안에 앉았다. 1마일 정도는 쉽게 달렸는데, 그 후부터 소나기가 내려 길이 끊기기도 하고, 울산까지 계속 덜커덩거렸다. 20리 정도의 길이었는데, 1마일에 3리이다.

반 정도 갔을 때 한 노인이 우리를 향하여 달려왔다. 그녀는 운전사에게 안에 외국인 여성이 있는지 물었다. 그렇다고 하자 문이 열렸고, 그 노인은 우리에게 삶은 달걀을 건네며 가는 길에 드시라고 하였다. 그리고 자신도 내일 아침 성경반에 참석하겠노라고 말하였다. 그녀는 맥켄지의 조력자 모친이었다. 그녀는 전에 술장사를 하였지만 지금은 그만두었다. 그 후 그녀는 하나님으로부터 많은 은혜를 받았다고 고백하였다.

우리가 울산에 도착할 때 마중 나온 여성들이 있었고, 교회당 안에서도 따뜻한 환영이 있었다. 다음 날 적지 않은 여성들이 모였다. 몇명은 10리 떨어진 피영(지금의 병영 – 역자 주)에서부터 왔다. 그들은

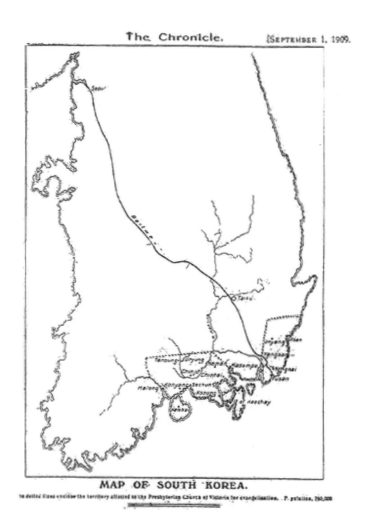

MAP OF SOUTH KOREA.

he dotted lines enclose the territory allotted to the Presbyterian Church of Victoria for evangelisation. . P. scluline, 250,000

호주선교회 지경(Australia Presbyterian Mission in Korea, 1909)

매일같이 오전에 왔다가 오후에 돌아갔다. 15-20리 떨어진 곳에 사는 몇 명도 그렇게 하였다. 나머지는 교회당 방에서 함께 잤다. 58명이 등록을 하였고, 48명이 공부를 다 마치고 수료증을 받았다. 우리 모두에게 생산적인 시간이었다.

어느 날 저녁 우리는 그리스도의 생애에 관한 그림을 학생들에게 보여주었다. '겟세마네 동산의 예수'에 맞는 성경 구절을 찾아 읽으라고 하였다. 한 여성은 떨리는 목소리로 성경을 읽다가 멈추었고, 곧 울기 시작하였다. 죄로부터 우리를 자유케 하시는 그리스도를 따른다는 것은 대가가 있음을 경험한 것 같았다.

언양의 성경반에 참석하였던 여성 두 명이 이번 성경반에도 참석하였다. 한 명은 40리, 다른 한 명은 60리를 걸어온 것이다. 두 번째 여성이 김만해인데 놀라운 여성이다. 그녀도 전에는 술을 파는 여성이었지만 지금은 진실한 기독교인으로 박해도 많이 받았다. 그러나 지금은 박해하던 몇 명도 기독교인이 되었다.

주일 아침 예배 후 나와 전도부인 한 명은 피영으로 가 그곳에서 그들과 함께 예배를 드렸다. 우리는 밤새도록 그곳에 있었고, 새벽에 걸어 나와 아침에 다시 울산의 성경반으로 왔다. 울산의 한 관리는 아내를 통하여 새 종이를 교회에 주었고, 그 종이로 교회당 방을 도배하였다. 깨끗하고 좋았다. 어떤 여성들은 전에 만난 적이 있고, 어떤 여성들은 처음이다.

공부를 다 마치고 떠날 시간이 되자 여성과 소녀들은 헤어지기 서운해하였다. 그들은 나에게 봄에 피영에 와 달라고 하였다. 그러나 나는 그때 올 수가 없다. 알렉산더에 관한 소식을 묻는 사람도 많았고, 안부를 전해 달라고 하였다. 수요일 아침 우리는 그곳을 떠나 창신포에서 오래 기다리다 마침내 우리는 안전하게 집에 도착하여 따뜻한 환영을 받았다.

　멘지스

(「더 크로니클」, 1917년 4월 2일, 3-4)

77. 미우라학원 보고서

지난 3개월 동안 우리 학교, 기숙사, 고아원에 직원들의 변화가 있었다. 장금이가 내가 하는 일의 한 부분을 맡았다. 그로 인하여 나는 여유가 생겼고, 시골에서 세 번 성경공부를 인도할 수 있었다. 그녀가 이따금 나 대신에 일을 맡을 수 있어도 계속 일하게 하는 것은 그녀에게 큰 짐이다. 그녀는 이미 자신의 과목을 가르치며, 일본어를 공부하고 있다. 그러나 장금이는 항상 기꺼이 그리고 기쁘게 나를 도와주고 있다. 모두 열심히 공부하고 있으며, 감기 외에는 건강도 모두 양호하다.

성탄절 아침 나는 학생들에게 약간의 용돈을 선물로 주고 있는바, 예배 후 학생들에게 제안하였다.

"올해 성탄절에도 선물을 주려고 합니다. 여러분이 이 돈을 세 가지 방법으로 사용할 수 있는데 첫째는 음식을 사서 먹거나, 둘째는 다른 곳에 쓰거나 그리고 세 번째는 우리가 필요한 새 교회당 건축을 위한 헌금을 하는 것입니다."

한 학생은 선뜻 건축헌금을 하겠다고 나섰다. 이날 대예배 시 마침 건축헌금이 있었는데, 학생들은 그 용돈을 그 목적으로 헌금하는 기쁨을 누렸다. 어떤 학생들은 건축헌금을 하려고 양말을 뜨개질하기도 하였다.

이곳 인생의 여정에서 또 다른 전환점을 맞이하게 되었고, 여러분의 기도와 후원에 감사드린다. 보좌 앞에서 기도할 때 인도하심과 지

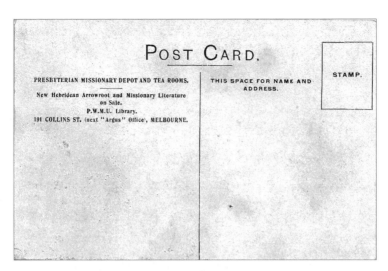

POST CARD.

PRESBYTERIAN MISSIONARY DEPOT AND TEA ROOMS.

New Hebridean Arrowroot and Missionary Literature
on Sale.
P.W.M.U. Library.
191 COLLINS ST. (next "Argus" Office), MELBOURNE.

THIS SPACE FOR NAME AND
ADDRESS.

STAMP.

빅토리아여선교연합회 우편엽서(PWMU Postcard)

혜를 계속 간구하여 달라.

멘지스

(「더 크로니클」, 1917년 4월 2일, 4)

78. 진급하는 학생들

지난 3개월 동안 좀 더 변화가 있었다. 3월에 있는 학기말로 인하여 이곳 학교에는 항상 인사이동이 있다. 복세기는 학교에서 요구하는 모든 과정을 다 마쳤다. 그러나 이제는 일본어가 요구되어 그 과목과 한문, 산수를 더 공부할 것이다. 그리고 이번 여름에 진주에서 6주 과정의 일본어 강좌가 있는데 입학만 되면 복세기를 그곳에 보낼 것이다. 그녀는 좋은 학생이라 좋은 결과가 있으리라 확신한다.

기숙사의 명윤이도 공부를 다 마치고 자신의 시골집으로 갔다. 우리는 매우 섭섭하였는바, 그녀는 똑똑하고 진실한 기독교인이 되었고, 우리 교회의 여러 사역에 적극적인 관심을 보였기 때문이다. 그러나 그녀는 고향의 자신이 속해 있는 교회에도 큰 도움이 될 것이다.

세윤이, 명세, 봉애 그리고 복순이 모두 진급을 하였고, 복균이만 같은 반에 남았다. 명애는 진주의 병원으로 가 간호사 훈련을 받기로 우리는 희망한다. 모두 건강이 양호하지만, 복순이는 눈이 완치되지 않아 다시 병원을 방문하였다.

현재 우리 학교에 나이 많은 학생 3명이 있는데, 이들의 미래를 위하여 특별히 기도를 부탁한다.

멘지스

(「더 크로니클」, 1917년 8월 1일, 5)

장금이와 멘지스(Chang Kummy & Menzies)

79. 명애와 복세기

지난번 보고서를 쓴 후 벌써 3개월이 흘렀다는 것이 가능한가? 지금이 6월 30일이니 지난 것이 확실하다. 그 후 우리는 명애(두레)와 복세기가 신앙고백과 더불어 세례를 받고 우리 교회의 정회원이 되었다.

명애는 진주의 병원으로 가 3개월 동안 수습 기간을 가졌다. 그녀가 간호 과정을 다 마치기를 우리는 희망한다. 복세기는 계속하여 일본어, 한문 그리고 수학을 공부하고 있고, 이달 25일부터 진주에서 열리는 일본어 과정에 참석할 것이다.

이번 성경학원이 진행되었을 때 이 두 명의 학생은 큰 도움이 되었다. 다른 학생들은 자신들의 수업으로 바빴고, 모두 잘 지내고 있다. 신복이도 재미있게 잘 자라고 있다. 내가 빅토리아로 가 있는 동안 나를 대신하여 일을 더 많이 맡은 데이비스를 위하여 계속 기도해 주기 바란다.

1917년 7월 4일, 부산진, 멘지스

(「더 크로니클」, 1917년 9월 1일, 5)

빅토리아여선교연합회 산업매대 배지
(PWMU Depot Badge, 1926)

80. 멘지스의 휴가

지난 7월 1일 멘지스가 호주로 휴가를 떠났다. 그리고 그녀가 돌아올 때까지 미우라의 일이 나의 책임이 되었다. 분기별 보고서를 포함하여 말이다.

멘지스가 배를 타고 떠나자 이곳 학생들은 방학을 맞아 뿔뿔이 흩어졌다. 먼저 복세기는 공부를 위하여 진주로 갔고, 그 과정을 마치면 그곳 기숙사에서 짧은 휴가를 보낼 것이다. 병원의 수습생 최명애는 특히 자신의 오랜 친구를 만나 기뻐하였다. 어떤 책임 없이도 자유롭게 살던 여학생에게 수습생의 길은 폭풍과도 같고, 그녀를 가르쳐야 하는 수간호사의 책무도 만만치 않다. 그러나 병원의 직원을 줄이지 않는 한에는 그녀는 수습 기간을 견뎌야 하고, 우리는 그녀가 철저하고 효과적인 간호사가 되기를 바란다. 다른 교사들과 여학생들도 복세기처럼 떠났고, 사감, 금이, 복순이, 봉연이 그리고 신복이만 남았다.

학교는 9월 3일 개학할 것이다. 그때쯤 이곳은 다시 학생들로 채워질 것이다. 두 명의 학생이 기숙사에 들어왔고, 그중 한 명은 김은애의 여동생이다. 그녀의 서양식 결혼에 관하여 우리는 한두 달 전에 쓴 적이 있다.

이따금 예외는 있지만 모두가 건강하여 나는 감사하다. 내가 경험한바 사감은 양심적이고 믿을 수 있다. 멘지스가 이곳을 돌본 것처럼 내가 세심하게 돌보지 못하는 구석을 우리의 신실하고 작은 친구이자 조력자인 금이가 감당해 주어 특별히 감사하다. 이상 존경하는 마음으

生先長校檀嘉瑪代

대마가례 교장
(Margaret Davies, Ilsin School Principal, 1936)

로 보고를 마친다.

마가렛 데이비스

(「더 크로니클」, 1918년 2월 1일, 5)

81. 공의회의 기록

엥겔의 발의와 왓슨의 제청으로 본 공의회는 한국에서 25년의 사
역을 맞이한 멘지스와 무어에게 마음속의 축하를 전하며, 이들을 통하
여 역사하신 전능하신 하나님께 감사를 드린다.

(「더 레코드」, Vol 5, 1918, 5)

Mr. Engel moved and Mr. Watson seconded that the Council extend
its hearty congratulations to Misses Menzies and Moore on completing
25 years of work in Korea, and give thanks to Almighty God for what
He has done through them.
The motion was approved.

(*The Record*s, Vol 5, 1918, 5)

동래일신여학교 전경(Dongrae Ilsin Girl's School)

82. 미우라 보고서(1917년 10월~1918년 1월)

지난 4개월 동안 우리 기숙사의 학생 숫자는 유동적이었다. 10월에 동래에서 기독교 가정 출신이 아닌 두 명의 학생이 입소 신청을 하였고, 승인을 받았다. 그중 한 명은 며칠 있지 못하였는데 하와이에서 온 그녀의 약혼자가 갑자기 등장하여 그녀를 데리고 간 것이다. 또 다른 학생도 한두 주 있다가 떠났는데 하와이 신부로 가게 된 것이다. 이들은 우리의 기대에 못 미쳤지만, 동래의 교회에 정기적으로 참석하고 있었고, 우리와 짧게 있는 동안에 자신들의 삶에 영향을 받았을 것이다.

다른 두 명은 좀 더 오래 기숙사에 있을 것으로 생각하였다. 그러나 아쉽게도 김은혜의 작은 여동생이 떠났다. 그녀의 모친이 그녀와 집에 살기를 원하였던 것이다. 기숙사에서는 나갔지만, 학교에서는 계속 공부하고 있다.

우리가 항상 기대하고 있는 문복숙은 부재한 한 교사의 자리를 한 달 동안 메웠고, 그 후 일본인 교사가 왔다. 그 후 얼마 안 되어 그녀는 거창의 에버리 언어 교사로 갔다. 또한 3월 말까지 위더스의 한국어 공부도 돕기로 하였고, 그 일을 다 마치면 아마 우리 학교에서 가르칠 것이다. 위더스의 언어 교사로는 우리의 하급반 교사 중의 한 명인 강신애가 맡을 것이다. 복순이의 눈과 봉연이의 귀만 조심하면 다른 학생들의 건강은 양호하다.

지난 몇 개월 동안 동양에서 하는 대로 우리는 세윤이의 적당한 남편감을 찾아왔다. 그녀는 이번 봄에 학교를 졸업하며 결혼할 나이가

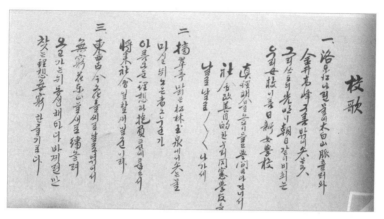

일신여학교 교가(Ilsin Girls School Song)

된 것이다. 현재 관심을 보이는 한 남성을 우리는 주의하여 알아보고 있지만, 그가 충분히 좋은 인격체인지 아직은 확실히 말할 수 없다.

1918년 1월, 마가렛 데이비스

(「더 크로니클」, 1918년 6월 1일, 6)

83. 사춘기의 학생들

현재 기숙사에 제법 큰 가족이 형성되어 있다. 신복이를 포함하여 10명의 소녀가 있다. 그리고 3명의 교사와 한 명의 사감이 있다. 소녀 중 3명은 지난번 보고서를 쓴 이후 온 학생들이다. 한 명은 통영에서, 또 한 명은 울산에서 왔고, 다른 한 명은 부모가 부산진에서 이사를 나갔지만 아이는 우리 학교에 계속 다니려고 기숙사로 들어온 것이다.

우리는 오전 8시 30분에 정확히 경건회를 시작한다. 학생들은 각각의 성경을 암송하고, 금이는 급하게 학교로 달려가 체조 시간을 알리는 종을 친다.

박세윤은 3월 말에 학교 과정을 다 마치었고, 졸업장을 받을 때는 정말 자랑스럽고 행복해할 것이다. 그녀는 집안의 일도 도와왔다. 우리는 그녀를 3주 동안 학교에서 사용할 수 있어 좋았다. 일본어 선생인 이토가 알림도 없이 떠나간 것이다. 그녀의 자리를 즉시 채울 수 없어 세윤이가 도움을 주었다.

그러나 이제 우리 학교에서 그녀는 일이 없다. 그래서 여성 성경반에서 일주일에 두 번 산수를 가르친다. 세윤이가 낮에 대부분 집에 있으므로 사감은 그 시간 성경반에 참석할 수 있었다. 그 시간이 사감에게 유용하였을 것이다.

문복숙과 최명애는 둘 다 3월에 휴가차 집에 왔었다. 그러나 명애는 곧 진주의 병원 간호 일로 돌아갔고, 복숙이는 통영 예비학교의 새 일을 맡아 떠났다. 나이 든 '고아'들 중에 이제 세윤이만 기숙사에 남았

동래일신여학교 정문(Gate of Ilsin Girls School)

다. '고아'이면서 '기숙사생'인 다른 소녀들은 13살에서 19살로 어려운 시기를 거치고 있다. 신복이만 제외하고 말이다. 이들을 위하여 특별히 기도해 주기를 요청한다. 이들 모두에게 신앙이 살아있고, 실천적으로 되며, 겉모습만 기독교인이 아니기를 바란다. 이들 중 몇 명은 불안하고 안절부절못하여 때로 우리로 하여금 적지 않은 염려를 하게 한다.

마가렛 데이비스

(「더 크로니클」, 1918년 7월 1일, 4-5)

84. 멘지스를 위한 환송회

한국에서 장로교 여성 선교사 대표로 25년간 봉직한 멘지스가 12 개월의 휴가를 마치고 곧 다시 돌아간다. 지난 수요일 저녁 그녀를 위한 환송 예식이 스미스 목사의 사회로 에베네저학교 강당에서 열렸다. 샌 앤드류교회, 스코트교회, 샌 존스교회 그리고 여선교연합회 에베네저지부 등에서 많은 사람이 참석하였다.

매코원, 더글라스, 앤더슨, 톰슨, 스미스, 모리스, 쏜톤이 아름다운 연주를 하였고, 스미스, 워커 그리고 무어 목사가 연설을 하였다. 멘지스가 한국에서 일구어낸 성과에 대한 보고도 있었고, 여러 교회를 대신하여 무사 귀환을 기원하였다.

화이트 씨는 교회의 남선교회를 대표하여 매우 좋은 접이식 의자를 선물하였다. 참석한 사람 중 주일학교에서 멘지스에게 배운 학생들도 많이 있었다.

멜버른의 헨리 멘지스는 자신의 누나를 위하여 참석한 교인들에게 진심 어린 연설을 하였으며, 그녀에게 친절한 모든 사람에게 감사를 표하였다.

스미스 목사는 최근에 교회에 등록한 신입 교인들을 이 기회에 따뜻하게 환영하였다. 환송회 후에 여성들은 훌륭한 저녁을 제공하였다.

(「더 빌라렛 스타」, 1918년 7월 19일, 4)

Missionary's Return.—Miss Menzies, who has seen 25 years service in Korea as the representative woman's missionary of the Presbyterian Union, and who is shortly returning to take up the work again, after 12 months' furlough, was given a send off at the Ebenezer School Hall on Wednesday night, the Rev. D. W. Smith presiding. The attendance was very good indeed, and included representatives of St. Andrew's, Scots', St. John's, and Ebenezer branches of the Presbyterian W.M.U. A splendid musical programme was rendered by Mesdames M'Cowan and W. Douglas, Misses G. Anderson, Miss Thomson, M. Hamilton, A. Thomson, the Rev. D. W. Smith, and Messrs John Morris, Frank Smith, and Master Thornton. The Revs. D. W. Smith, John Walker, and A. H. Moore delivered addresses, and spoke of the splendid work which Miss Menzies had accomplished in Korea, and wishing her, on behalf of the various congregations, God-speed on her return. Mr A. E. White, on behalf of the men of the congregation, presented Miss Menzies with a very handsome easy chair to take back with her to Korea, expressing the good wishes of all, many of whom had been scholars in her class at Ebenezer Sunday school. Mr Henry Menzies, of Melbourne, made an excellent response for his sister, and thanked one and all for their many kindnesses to her. The Rev. D. W. Smith took the opportunity of giving a hearty welcome to several new families who had lately joined the church. An excellent supper was provided by the ladies.

더 발라렛 스타(The Ballarat Star, July 19, 1918)

85. 기숙사의 바쁜 사감과 학생들

지난 5월과 6월은 기숙사에서 열심히 책을 보는 학생들을 볼 수 있었다. 특히 6월 말 시험이 가까워 오자 학생들은 준비하였다. 여성성경학교 두 명의 학생인 사감과 호킹의 언어 교사도 다음 날의 공부를 위하여 시간을 쏟는 모습이었다. 이들은 저녁 예배 후에 성경 내용을 토론하였고, 종종 나에게도 문의하며 긴 대화를 하기도 하였다. 이따금 학교의 다른 교사들도 토론에 참여하였다.

사감은 때로 걱정이 있는 표정이지만, 자신의 일상 일을 게을리하지 않으면서 공부도 제법 잘하고 있다. 시장이 서는 날에는 오후반 후에 바구니를 들고 시장으로 급히 가 우리가 공부를 마칠 때쯤 물건을 사 집으로 돌아온다. 세윤이가 집을 돌보고 바느질도 하며 도우므로 그녀가 공부할 여유가 있는 것이다.

학교는 7월 17일부터 방학에 들어가며, 두 명의 교사와 기숙사생들은 자신들의 집으로 돌아갔다. 그리고 기숙사에는 사감, 금이 그리고 5명의 소녀만 남았다. 나는 8월 말까지 떠나있으므로 호킹이 대부분의 여름 동안 대신하여 돌보아 주었다.

지금은 학교로 돌아온 지 한 달이 되었고, 2명의 기숙사생이 돌아왔다. 전보다 교사 한 명이 늘었는데 매물이의 자리를 대신하여 주경애가 기숙사로 들어와 금이와 한방을 쓰게 되었다. 매물이는 이제 기숙사를 떠나 모친과 사는데 먼저는 동래에서, 그다음에는 성경학교에서 생활하고 있다. 우리는 그녀를 보고 싶어 하고, 그녀도 종종 우리를

호주선교사공의회의 벨레 멘지스
(Menzies at the Australian Mission Council, 1913)

방문하고 있다. 금이도 일을 바꾸었다. 학교 일을 계속하는 대신에 매
카그의 언어 선생이 되었다. 그렇다고 그녀가 기숙사를 떠나는 것은
아니어서 안심이다.

　우리 가족은 몇 주 전에 호주에서 휴가를 마치고 돌아온 '어머니'
멘지스를 환영하였다. 사감부터 어린 신복이까지 그녀의 귀환을 손꼽
아 기다렸었다. 그녀가 도착하는 날 우리는 마산포에서 열린 공의회
에 참석하고 있어서 그녀가 그곳에 도착할 때까지 환영회를 미루어야
했다.

　마가렛 데이비스

(「더 크로니클」, 1918년 12월 2일, 4)

86. 서매물의 결혼식

부산진의 우리의 친구 서매물에 관한 최근 소식은 그녀가 결혼을 위하여 미국으로 갔다는 것이다. 다음의 이야기는 시애틀 서쪽에 있는 에드먼드 목사 부인이 멘지스에게 보낸 결혼식 내용이다. 에드먼드의 부인은 한국인 이민자에게 친절하고 실제로 관심이 많은 여성이다. 그녀는 이씨의 초기 미국 생활 시 그를 도운 친구였다. 그녀는 다음과 같이 썼다.

"11월 10일 이씨는 자신의 사업장에 있는 오리건의 살렘에서 우리를 방문하였습니다. '어머니, 21일에 토키와에 있는 일본 호텔로 오십시오. 그날 저는 결혼합니다. 나의 아내는 일본 카토리 마루 호를 타고 21일 시애틀에 도착합니다.'

그리고 결혼식은 시애틀의 제일장로교회에서 하기로 하였습니다. 이 교회는 교인 수로는 미국에서 가장 큰 교회이고, 이씨도 이 교회 교인입니다. 나의 남편이 결혼식을 주례하기로 하였습니다. 그러나 이날 그 배는 도착하지 않았습니다. 그래서 다음 날 22일 우리는 다시 갔습니다. 마침내 오후 4시 30분경 이씨와 서매물은 손을 잡고 계단을 올라 호텔 로비로 올라왔습니다. 우리는 그곳에 기다리고 있었습니다.

모세의 얼굴이 빛나는 것 같이 이씨의 환한 얼굴은 기쁨에 차 있었고, 서매물을 나에게 소개하였습니다. 그러나 그날에 결혼 등기를 하기에는 너무 늦었습니다. 미국의 법은 등기할 때 남성과 여성 둘 다

서매물(Suh Mamoul)

있어야 합니다. 그래서 이씨는 아내가 올 때까지 등기를 못 하고 있었던 것입니다.

그러므로 우리는 다음 날인 11월 23일 토요일로 결혼예식을 연기하였습니다. 이씨는 들뜬 목소리로 말했습니다.

'괜찮습니다. 별 차이 없습니다. 우리는 시간이 많습니다. 내일 그녀를 위하여 새 옷을 사겠습니다.'

새 옷은 필요 없을 것 같았지만 한번 마음먹은 이 동양인을 누가 말릴 수 있겠습니까. 그녀는 이미 옷을 잘 입고 있었습니다.

다음 날 오후 교회당으로 왔을 때 그녀는 가장 아름다운 가운과 비싼 브로치를 달고 차에서 내렸습니다. 비단으로 된 분홍색 겉옷, 밍크 털로 된 목도리, 새 검은색 벨벳 모자 그리고 12불이나 되는 구두를 신고 있었습니다.

다른 두 명의 한국인 박씨와 하워드 이씨는 한국으로 가는 도중에 동행하여 왔습니다. 그리고 내 동생 메리와 막내아들 제임스도 우리와 함께하였습니다. 그러므로 모두 8명입니다. 예식과 축하의 순서가 마치자 이씨는 우리 모두를 큰 차에 태워 상해 식당으로 안내하였습니다. 매우 고급스러운 식당으로 만찬이 기다리고 있었습니다.

신부는 금요일에 시애틀에 도착하였고, 그다음 주 수요일 아침 오리건 살렘에 있는 그들의 새집으로 떠났습니다. 이씨는 우리 도시의 사자들을 그녀에게 구경시켜 주었습니다. 그는 매우 놀랍도록 총명하며, 아내는 이미 영어를 어느 정도 하고 있었습니다. 그리고 그녀는 6개월만 지나면 남편보다 영어를 더 잘할 수 있다고 말하였습니다. 그녀는 이미 자기 남편의 영어가 최고가 아닌 것을 알고 있었던 것입니다. 그녀는 남편에게 여러모로 큰 도움이 될 것입니다. 그리고 그는 그녀에게 좋은 신랑이 될 것입니다. 이씨가 순진하고, 생각이 바르고, 진실한 기독교인임을 나는 압니다.

이번 결혼식이 있기 전에 나는 그를 6개월가량 보지 못하였습니다. 그동안 그는 여러모로 많이 성장해 있었습니다. 영어 수준만 예외였지만, 그것도 진보하고 있습니다".

(「더 크로니클」, 1919년 4월 1일, 5)

87. 돌아온 멘지스

한동안의 침묵 후에 이 보고서를 쓰는 것이 다시 나의 책임이 되었다. 먼저 내가 휴가 떠나 있는 동안 자기 일에 더하여 나의 일까지 맡아 주었던 데이비스 양에게 감사의 빚을 졌다. 그동안 물가가 날마다 올라 특별한 어려움이 있었던 것으로 안다.

학교와 기숙사의 인원에 변동이 있었다. 새 기숙사생 한 명이 통영에서 왔다. 반면에 문복숙과 박세윤이 통영의 학교로 갔는바, 그중 한 명은 교사이고, 다른 한 명은 보조이다. 문복숙은 우리가 많이 그리워할 것이다. 그녀는 총명하고 여러모로 도움이 된다. 박세윤은 성탄 후에 우리에게 돌아왔고, 현재 우리 학교에서 가르친다. 간호사가 되기 위하여 진주병원에서 1년 동안 일한 최명애는 2월에 우리에게 다시 온다. 서울의 세브란스병원에 가 남은 훈련을 다 마치기 위하여 준비하기 위함이다.

새 기숙사생은 어린 소녀이다. 자기 모친에 의하여 나쁜 의도로 팔렸던 아이이다. 마산에 있는 여성들이 그 소식을 듣고 그녀를 빨리 찾았다. 라이얼 부인이 그녀를 되사서 교사 한 명과 동행하여 우리에게 오게 한 것이다. 사감은 그대로이다. 신복이도 잘 자라고 있고, 아마 4월 새 학기부터 공부를 시작할 것이다.

좀 더 나이 든 학생들을 위해 특히 기도해 주기를 바란다. 강한 신앙을 갖고 그리스도를 증거할 수 있도록 말이다. 이 사역을 위하여 지금까지 도와준 모두에게 감사하다. 새해에도 계속하여 함께해 주기를

배돈기념병원(Paton Memorial Hospital, 1914)

겸손하게 요청한다.

　1919년 1월 23일, 멘지스

(「더 크로니클」, 1919년 4월 1일, 5-6)

88. 멘지스의 역할

부산진 선교부

멘지스: 미우라학원 담당, 여학생 주일학교와 여학생 야간학교 담당, 지역 여성 성경반 강의.

(「더 레코드」, Vol 7, 1919, 16.)

BM 약자가 찍힌 벨레 멘지스의 성경
(Belle Menzies(BM) Bible)

Fusanchin Station

Menzies:

Charge of Myoora Institute, of Girl's Sunday School, and of Girl's Night School, teaching in local Women's Bible Classes.

(*The Records*, Vol 7, 1919, 16)

89. 고난받는 멘지스

그다음 날 아침 검은 제복의 경찰은 일신여학교와 기숙사에 태극기가 있는지 취조를 시작하였다. 여선교사들은 모른다고 대답하였다. 그날 그들은 온종일 유치장에 있었고, 결국 유치장에서 필요한 화장실 용품과 음식 목록을 적어 멘지스에게 보내었다. 라이트 목사가 음식 등이 담긴 광주리를 가지고 왔고, 그때야 여선교사들은 식사를 제대로 할 수 있었다. 라이트는 이들의 구류 사실을 즉시 영국대사관에 보고하고 구명 운동을 시작하였다.

그다음 날 그들은 같은 경찰을 대면하였는데, 그는 질문하는 대신 일신여학교에 태극기가 있었고, 그것들을 멘지스가 불태웠다고 말하였다. 나중에 안 일이지만 여학생들이 학교에 태극기를 숨기고 있었던 것이다. 호킹과 데이비스가 잡혀가자 매카그와 장금이가 책장을 뒤져 태극기를 발견하였고, 멘지스는 학교에 어려움이 닥칠 것을 예견하고 즉시 태운 것이었다. 일본 경찰은 멘지스가 태극기를 태워 증거를 없앤 동기에 대하여 심하게 문초하였다.

이때부터 일신여학교는 일본 형사들에 의하여 점거되다시피 하였고, 무엇보다도 멘지스가 취조당하는 모습에 여선교사들과 학생들은 괴로워하였다. 그녀는 오랜 기간 여학생들을 위해 봉사한 사실과 희끗희끗한 머리 덕분에 풀려났다고 하였다.

그다음 날인 13일에서야 비로소 호킹과 데이비스도 오전 11시 30분에 풀려났다. 경찰서장은 그들에게 잘못이 없어 풀려나는 것이 아니

매일신보(Maeilsinbo), 1919. 03. 16.

라 폭력을 쓰지 않았고 한국인이 아니기 때문이라 하였다. 그리고 서장은 경고도 잊지 않았다. 여선교사들은 기독교 순교자의 진실에 대하여 말하였지만, 서장은 귓등으로 들었다.

일신여학교의 기숙사 거주 학생 5명 포함한 11명의 학생과 교사 2명이 감옥에 갇힌 것을 그들은 풀려나서야 들었다. 그 학생들을 면회하는 것은 가족 포함하여 누구에게도 허락되지 않았기에 선교사들은 감옥 근처의 여관에서 음식을 준비하여 넣어 주는 것 외에 다른 방법을 쓸 수 없었다고 한다.

그리고 그것이 끝이 아니었다. 멘지스와 두 명의 여선교사들은 법원에 가지 소환되어 교차 심문을 받게 된다. 그리고 경찰서에도 여러 번 가서 많은 질문에 대답하여야 했다. 당시의 일본 경찰 질문은 다음과 같았다.

"당신은 이곳에 오기 전 당신의 나라에서 죄를 범한 사실이 있습니까?"

"당신의 해로운 가르침으로 학생들이 감옥에 있는데 수치스럽지 않습니까?" 물론 멘지스는 전혀 수치스럽지 않다고 대답하였다.

마가렛 데이비스

(「더 크로니클」, 1919년 6월 2일, 3-4)

Cross-examined

When we emerged from the police station, we heard for the first time that eleven of our school girls (including five from the dormitory) and two of the teachers were in gaol.

We at once went to try and see them, but neither were we nor any of the girls' parents or friends permitted to do so. Hearing that they could not eat the prison fare, we made arrangements for two meals a day to be sent to them from an inn. Since then however, another plan has been made whereby food is prepared at the house of a Christian living near the gaol, and thence taken to the girls...

Misses Menzies, Hocking, McCague, Keemy, and I have all been summoned to the law courts and cross-examined. All but Miss McCague have had to go to the local police station and answer many questions. Among the questions are such as these:

"Did you commit any crime in your own country before coming to this land?"

"Are you not ashamed that as a result of your harmful teaching your pupils are in prison?"

To all of which we answer that we have nothing of which to be ashamed.

(*The Chronicle*, June 2, 1919, 4)

자료구분 일본외무성기록   일본소장처   일본 외무성 외교사료관

문서철 不逞團關係雜件 朝鮮人ノ部 在內地 四   문서번호

문서제목 朝鮮騷擾二關聯スル涉外事件經過要領

발신자   발신일

수신자   수신일

출처내용 부산/이자벨라 멘지스(Isabella Menzies, 日新女學校 학생감독, 오스트레일리아)와 전무스리 시무어구예(シャンクスリ サィモァグエ, 선교사, 아일랜드)는 3월 12일, 자택에서 시위 운동등에서 사용하기 위해 만들어놓은 舊韓國 國旗를 廢棄하여 제표되있다. 죄명은 증거인멸이며 기소유예 처분하였다. 기소유예 이유는 멘지스가 62세 노령의 여인이고 조선에 건너온 날이 아직 짧아 재범의 우려가 없기 때문이다.

사건일자 1919-03-12   사건인자종료

사건장소慶尙南道 釜山府 경상남도 부산부 사건세부장소   日新女學校

참조   日進女學校는 日新女學校의 課誤이다.

▲ 멘지스에 관한 일본외무성 기록
(Record of Japanese Government on Menzies, 1919)

▶ 일본경찰의 부산진 독립운동에 관한 보고서, 선동자로 외국인 여선교사 2명을 언급
(Report of Japanese Police on Independent Movement in Busanjin, 1919)

90. 가출옥하는 학생들

지난번의 염려와 슬픈 보고서와는 달리 이번 보고서에는 기쁜 소식이 있다. 여러분도 우리와 함께 기뻐해 주기 바란다. 우리의 학생들이 감옥에서 나왔다. 비록 이달 28일까지 법적으로 자유롭지는 않지만 말이다.

8월 15일 우리는 학생들이 다음 날 풀려날지도 모른다는 소식을 들었다. 그러나 옷을 보내라는 소식은 없었고, 그날 비도 많이 내려 우리는 실망할 수밖에 없었다. 그러나 17일 아침 한 경찰이 연락하였다.

"아이들이 오늘 출옥하니 그들의 옷을 보내라."

말할 필요도 없이 우리는 기쁨으로 흥분하였고, 아랫길을 내내 지켜보며 그들이 나타나기만을 기다렸다.

그들의 옷을 이미 준비한 사감은 다른 한국인들과 함께 감옥으로 갔다. 엥겔 부인도 그들을 그곳에서 만났다. 한참 동안 기다린 후 우리의 학생들이 한 명씩 한 명씩 나타났다. 그들은 한국인 친구들에 의하여 2시 45분에 차로 집으로 보내졌다.

나의 기다림도 끝났다. 첫 번째 차가 드디어 보이자 베란다에 있던 금이에게 나는 말하였다.

"저기 온다."

우리는 언덕 아래로 뛰어갔다. 그들 모두를 다시 보게 되어 다행이었다. 그들 모두 창백해 보였는데, 물론 갇혀 있었고, 운동도 제대로 못 한 탓이다. 또한 벌레에 많이 물려 피부 여기저기가 돋아 있었다.

석방 감사기도회가 열렸다. 그리고 자신들을 대신하여 고난받았다고 생각하는 친구들에 의하여 그들은 위로를 받았다. 그리고 2명의 학생만 제외하고 모두 집으로 돌아갔다. 나머지 한 명은 학교와 기숙사로 돌아가는 승인을 받았고, 다른 한 명도 곧 승인을 받을 것이다. 가출옥이므로 9월 28일까지는 아직 법적으로 조심하여야 한다.

그리고 지난주 통영의 교사 한 명도 풀려났고, 4일에는 또 다른 교사도 나왔다. 이제는 우리 2명의 교사만 감옥에 남아 있다. 이곳의 한 경찰은 나에게 말하기를 그들의 형량이 6개월 감형되면 이제 1년만 남을 것이라 하였다. 우리는 머지않아 그들의 석방 소식도 듣기를 희망한다.

지난번 보고서 이후 최명애(에베네저)는 4월에 진주의 병원에서 두 번째 시험에 합격하였다. 그리고 서울의 세브란스병원에 가 그곳에 2학년으로 입학하였다. 앞으로 그녀가 시험을 통과하게 되면 2년 안에 모든 과정을 다 마칠 것이다. 그녀에 관한 수간호사의 보고서는 양호하다. 진주에 있는 동안 그녀는 다방면으로 성장하였고, 장래가 촉망된다.

봉윤이(호쏜)는 우리 지역에 있는 전 박사의 병원에서 귀를 치료하느라 18일 동안 입원하였었다. 지금은 복순이가 목을 치료하느라 그곳에 있다. 복순이는 진주의 유치원 입학을 위하여 그곳에 간다. 나는 희망하기를 머지않아 이곳에도 유치원이 생기기를 바란다. 우리의 예비반에 들어오기에는 아이들이 너무 어리다.

모든 것이 지금은 좀 더 밝게 보인다. 연말에 우리 학생들과 우리 자신에게 많은 축복이 있기를 바란다. 지난날 동안은 연단의 시간이었다. 우리와 함께 기뻐해 주기를 바란다. 여러분의 동정적인 사랑과 기

옥고를 치룬 일신여학교 학생들
(Ilsin students & teachers released from prison, 1919)

도가 계속됨을 우리는 진심으로 감사하다.

1919년 9월 12일, 멘지스

(「더 크로니클」, 1920년 1월 1일, 4-5)

91. 여성성경학원 위원회

1920년의 여성성경학원은 4월 16일부터 6월 12일까지 부산진에서 개최되었다. 등록한 학생은 모두 23명이었고, 그중 3명은 불행하게도 두 달간의 공부를 마치기 전에 집으로 돌아가야 하였다. 이 중 두 명이 세 번째 반을 이루고 있었기에 반은 취소가 되었다. 그로 인하여 멘지스와 맥켄지 부인은 자유롭게 되었다.

집에서 읽는 과제와 수업 시간의 공부, 이 둘 모두의 시험 결과는 매우 만족스럽다. 이번에 10명의 신입생이 입학하였는데 이들 대부분 총명한 젊은 여성들이다.

오직 한 학생만 5년간의 과정을 다 마치었다. 70세임에도 불구하고 그녀는 매년 공부를 잘하였고, 7월 12일 수료식 날 졸업장을 줄 수 있어 기뻤다.

성경학원이 진행되는 동안 부산진교회에서는 김익두 목사의 사경회가 열렸다. 학생들이 사경회에 참석할 수 있도록 성경학원의 보통 수업을 앞서 하도록 결정하였다. 학생들은 김 목사의 성경공부를 통하여 많은 도움을 받았고, 새로운 결단으로 이들은 자신들의 수업에도 임하였다.

올해 성경학원 교사로는 멘지스, 데이비스, 호킹, 맥피, 맥켄지 부인 그리고 전도부인인 강 부인과 김 부인이다.

올해 경비로는 90엔이 넘었고, 그중 11엔은 학생들의 수업료로 충당되었다. 위원회는 다음과 같이 제안한다.

1) 1921년의 예산으로 100엔을 책정한다.

2) 1921년 성경학원은 4월 15일부터 6월 11일까지 부산진에서 개최한다.

3) 1921년 교사진을 다음과 같이 구성한다. 맥피, 알렉산더, 스키너, 데이비스, 맥켄지 부인, 강 부인 그리고 양 부인.

4) 은사가 있는 어떤 젊은 여성들은 두 달간의 수업에 참석할 수 없는바, 그들을 위한 과정을 만들되 여성 선교사의 감독하에 진행되어야 하며, 성경학원 교사가 요구하는 시험을 통과할 때 2학년이 될 자격을 얻는다.

멘지스

성경학원 위원장

(「더 레코드」, Vol 8, 1920, 32-33)

진주여성경학교 졸업식(Women's Bible School in Jinju, 1907)

92. 문복숙 교사

지난번 보고서 후 인적 변화는 별로 없다. 문복숙은 여기서 7, 8마일 떨어진 교회 학교 교사로 떠났다. 자신들의 아이들을 교육하려는 열망으로 한국인들은 몇 개의 학교를 시작하였다.

어떤 학교의 장은 비기독교인인데, 이런 학교에도 기독교인 교사가 가르치고 있다. 학교에서 이들의 영향력을 기대해 본다. 복숙이가 있는 학교의 장은 기독교인인데 30명 정도의 학생이 있고, 더 많아질 가능성이 있다. 우리는 그녀를 자주 보는데 몇 정거장 떨어진 멀지 않은 곳에 있기 때문이다. 자신의 학교에서 성탄 행사를 마치고 복숙이는 우리에게로 와 남은 휴가를 보내었다.

문복숙은 매우 진실하고 자기 일에 열정적이다. 그곳의 학생들이 그녀를 좋아한다고 듣고 있다. 우리는 그녀가 떠나 있어 아쉽다. 그녀는 언제든지 우리의 일을 기꺼이 도와왔다. 언젠가 그녀가 다시 우리 학교에서 가르치도록 경찰의 승인을 받기를 기대한다. 그녀는 능력 있고, 훌륭한 정신을 가지고 있다. 그녀에게 결혼에 대한 제안이 있어, 그녀는 그 일을 나와 상의하였다.

"저는 이 일을 최소한 1년 동안 포기할 수 없습니다. 이제 막 시작했거든요. 그리고 저는 아직 젊습니다."

그녀는 호주에서 자신을 지원하는 모든 것에 매우 감사하고 있다.

최근에 나는 병간호하는 일에 바빴다. 특히 봉윤이는 발가락 3개가 한동안 낫지 않았다. 지금은 회복되고 있다. 기숙사에 새 학생이 들어

문복숙, 양성봉(Boksuk Moon & Sungbong Yang)

왔는데, 한 남성의 두 번째 아내이다. 그녀의 가족은 모두 기독교인이 되었는데 지금의 상황으로는 세례를 받지 못함을 깨달았다.

그 지역에서 전도 활동을 하던 우리의 전도사 한 명이 그녀와 이야기를 나누었다. 그녀는 말하였다.

"저는 전도부인이 되고 싶습니다."

그리고 그녀는 우리에게 온 것이다. 나는 그녀를 받아들였고, 한동안 상황을 지켜보았다. 그녀는 주간반에 참석하고 있다. 그녀는 읽을 수 있지만 배울 것이 많았고, 그것으로 인하여 그녀는 염려하였다. 그녀는 어서 전도부인의 조력자가 되기를 원하였다. 보통 우리는 이렇게 하지는 않지만, 그녀의 소원을 우리가 들어줄 수 있다면 그렇게 해야 한다고 생각하였다.

우리의 가장 어린아이 복순이를 제외하고는 우리 아이들 모두 학교에 잘 참석하고 있다. 올해가 이렇게 마감이 되어 우리는 진실로 감사하다. 여러분의 계속되는 사랑과 지원을 기대하며, 우리를 돕는 여러분 모두에게 하나님의 풍성한 축복이 함께 하시기를 기도한다.

1921년 1월 12일, 부산진, 멘지스

(「더 크로니클」, 1921년 3월 1일, 4-5)

93. 목단과 평양 방문

지난 10월 보고서를 쓴 이후 나는 네피어와 함께 그녀의 동생이 있는 목단에 가 며칠을 보냈다. 그녀는 친절히 우리를 맞았고, 우리는 즐겁게 그곳에 머물 수 있었다. 내 기억 속에 오래 남을 것 중 하나는 돌로 된 교회에서 성찬 예배를 드린 것이다. 그곳에는 모스 박사의 초상화가 걸려 있다. 매우 큰 교회였고, 이 예배에 참석할 수 있었던 것은 특권이었다.

우리에게 하나님, 예수님, 성령님 같은 단어는 귀에 익었지만 다른 내용은 전혀 알아듣지 못하였다. 그러나 친교의 영이 함께 함을 느낄 수 있었다. 특히 젊은 여성과 남성이 참석하는 모습은 보기 좋았다.

우리는 그들의 여학교와 병원도 방문하였다. 또한 앞을 못 보는 사람들을 위한 학교도 방문하였고, 그들이 뜨개질한 아름다운 물건도 보았다. 그리고 나는 평양으로 왔고, 그곳에서 엥겔 가족과 넬리 맥켄지(헬렌)와 즐거운 시간을 보냈다.

나는 또한 에베네저교회에서 수년 동안 지원한 명애를 방문하였다. 그녀는 은행에 다니는 젊은 남성과 결혼하였다. 그들의 집에서 그들을 만나는 것은 기쁨이었다. 나는 그곳 감리교 선교사 집에 묵었다. 그 지역의 모든 선교는 감리교 선교회에서 지도하고 있었고, 그들은 그곳에 훌륭한 교회와 남녀학교를 가지고 있다. 그 지역의 이름은 영변이다. 그곳은 큰 산으로 둘러싸여 있고, 평양에서 60-70마일 떨어져 있다.

평양에 다시 돌아온 후 하루를 쉬고, 서울로 와 하다 박사 부부 집에 머물렀다. 그들은 한국에서 나의 가장 오래된 친구이다. 20여 년 만에 처음으로 그들을 방문한 것이다. 그곳에서 나는 제물포로 갔고, 결혼하여 그곳에 사는 우리 학교 졸업생 두 명을 만났다. 그들은 나를 따뜻하게 맞았지만, 내가 주일에 그들과 함께하지 못하여 실망하였다. 나는 주일 저녁에 다시 오겠다고 약속하였다.

서울에서의 즐거운 여정을 끝으로 나는 집으로 돌아왔다. 그리고 식구들로부터 환영을 받았다. 학교는 별 탈 없이 잘 있다. 기숙사에 학생이 들어왔는데, 그녀의 모친은 하와이로 떠났다. 그리고 세 명이 기숙사를 나갔는데, 그들의 부모가 근처로 이사를 왔기 때문이다.

문복숙은 11월 30일 결혼을 하였다. 그녀는 마침내 좋은 신랑(양성봉, 후에 부산 시장이 됨 – 역자 주)을 만났다. 결혼식 날 교회당 안이 꽉 찼고, 안으로 들어오지 못한 사람들이 많았다. 그녀는 인기가 많은데, 항상 다른 사람을 도와줄 자세가 되어 있기 때문이다. 그녀의 남편은 앤더슨의 언어 교사가 되었다.

주일 저녁 집에서는 장금이가 우리 소녀들에게 성경 진리에 대하여 가르쳤다. 그들의 세례문답 준비 과정이었다. 그들에게 유익한 시간을 보냈을 것이다. 화요일을 제외하고 매일 그녀는 소녀들이 학교 숙제를 할 때 그들을 돕는다. 금이는 성탄절 후에 휴가를 보냈다.

야학도 계속되고 있다. 교사 한 명이 책임을 맡고 있지만, 상급반 학생들이 주로 가르치고 있다.

2월 5일, 멘지스

(「더 크로니클」, 1923년 5월 1일, 4)

94. 우리의 최고참 선교사

휴가를 맞은 외국인 선교사가 고향으로 떠나는 것은 큰 경험이다. 동시에 남겨지는 지역 주민에게도 감정이 새로워지는 시간이다.

우리 선교회의 역사 중 이번 주 고향으로 떠나는 시니어 선교사 멘지스의 경우보다 더 큰 일은 없었다. 이달에 그녀가 호주 고향으로 돌아간다는 것을 사람들이 안 후부터 그녀가 얼마나 사랑을 받고 있는지 사람들은 잘 보여주었다. 부자거나 빈자거나, 젊거나 나이 들었거나, 믿음이 깊거나 약하거나 모두 그녀 주위에 모여들었고, 그녀의 온화하고 사랑스러운 현존을 이제는 더는 느낄 수 없다는 것을 그들은 깨닫기 시작하였다.

1919년 독립운동 때 멘지스가 어떤 일을 겪었는지 이들은 잘 알고 있다. 그녀의 육신적인 힘에 심한 손상이 있었고, 그 후 사람들은 그녀가 다시 이 땅에 돌아올 확률이 없다고 생각하였다.

이번 주에 사적으로, 공적으로 환송회가 계속 열렸다. 어느 때는 한 작은 아이가 자신의 손가락으로 사랑스럽게 바느질한 것을 부끄럽게 내어놓았다. 또 다른 때에는 나이 든 한 남성이 자신의 진짜 감정을 숨기면서 그녀가 다시 돌아오지 못할 수도 있다는 사실에 농담하였다.

"한국에 그렇게 오래 사셨으면 이제는 호주보다는 여기가 더 고향 아닙니까? 만약 다시 돌아와 이곳에서 돌아가신다면 한국인보다 장례식을 더 잘 치러줄 사람이 어디 있겠습니까?"

그 남성은 떠나기 전에야 준비한 선물을 내어놓으며, 자신의 참 감정을 표현하였다. 그리고 눈물을 보이지 않으려고 급히 자리를 떠났다.

우리의 친구 멘지스가 오히려 그들을 위로하였다.

"내가 다시 돌아와 이 세상에서 만날 수 있을지 모르겠지만, 하늘나라에서는 꼭 만날 것입니다."

그러나 이 말도 항상 위로되지는 않았다. 한 할머니가 말하였다.

"맞아요, 부인. 그러나 한 가지 염려는 내가 시장에서 내 친구도 잘 못 찾는데, 더 많이 붐비는 하늘나라에서 만약 부인을 못 찾으면 어떻게 해요!"

지난 수요일 저녁 교회에서 열린 송별회는 더 감동적이고 놀라웠다. '우리의 어머니'와 '우리 교회의 어머니'로 그녀를 위한 기도가 있었다. 그리고 아름다운 송별사도 있었는바, 그녀가 한국에 온 지 33년이 되었다는 언급이 있었다. 주님께서 이 땅에 오시어 십자가에 달려 죽으시고, 부활 승천하신 나이와 같다. 그녀의 일생은 그녀의 주님과 같이 하나님의 사랑을 드러내는 삶이었다.

안녕을 고하고자 많은 사람이 항구에 모였다. 모인 사람들을 보면 왠지 마음이 격발되는 것이 느껴진다. 허리가 굽은 노인부터 아기를 업은 젊은 엄마, 크고 작은 학생들, 하얀 두루마리를 입은 위엄 있는 남성, 서양식 옷을 입은 청년, 모두 떠나는 멘지스를 향한 자신의 애정과 존경을 보이려고 하였다. 그리고 주체 없이 흐르는 눈물도 수치스럽게 여기지 않았다.

깊은 신앙을 가진 겸손하고 헌신적인 한 여성에 대한 위대한 증거였다. 그리고 죄인을 구원하는 십자가의 능력이 사람들의 마음을 움직인 것이다. 마침내 배가 움직이며 멀어지는 것을 보며 우리는 성경의 진리를 떠올렸다.

"심령이 가난한 자는 복이 있나니 천국이 저희 것임이요."

They(Busanjin people) know full well that all Menzies went through at the time of the Independence movement in 1919 was a severe strain upon her physical strength, and with advancing years they feel that there is little probability that she will return to this land.

(*The Chronicle*, Oct 1, 1923, 4)

우리는 그녀 없이 집으로 돌아오면서 무언가 크게 잃어버린 것 같은 느낌이 들었다. 그러나 우리는 그녀를 그리워할 많은 한국인을 생각하였고, 그녀의 부재 속에 우리가 그들을 더 돕고 어여삐 여겨야 한다. 그녀의 겸손하고 이타적인 정신이 우리와도 함께하여 이 사역이 계속되도록 우리는 기도한다.

(「더 크로니클」, 1923년 10월 1일, 4-5)

마가렛 데이비스, 교사들, 졸업생들 M Davies, teachers and Ilsin students, 1925

95. 호주 선교사 공의회의 찬사

본 공의회는 이사벨라 멘지스의 최근 사직에 따라 그녀가 오랫동안 이 땅에서 그리스도를 위하여 헌신함에 대한 감사의 기록을 남긴다.

멘지스는 1890년 한국에 왔고, 우리 호주장로교선교회의 개척자 중 한 명이었다. 그녀는 무제한의 애정으로 자신의 시간과 힘을 한국인들을 위하여 주었다. 그녀의 사랑하는 봉사의 정신은 그녀를 통하여 영감을 얻은 사람들의 가슴속에 계속하여 발현될 것이다.

그녀가 비록 다시 한국으로 돌아오지 못하여도 그녀의 일은 멈추지 않을 것이 확실하다. 우리는 그녀가 그토록 사랑하는 이 땅을 위하여 우리와 함께 기도와 노력으로 협력할 것을 믿는다.

(「더 레코드」, Vol 11, 1923, 17)

The Minute re Resignations of Miss Menzies

In view of the recent resignation of Miss Isabella Menzies, the Council desires at this time to lace on record its grateful appreciation of her many years of devoted service to the cause of Christ in this land.

Miss Menzies came to Korea in 1890 and was one of the pioneers of our Australian Presbyterian Mission. She has given with unstinted affection her time and strength to the Korean people, and her spirit of loving service will ever continue to be manifested in the hearts of those who caught their inspiration from her.

We are assured that though she is unable to return to Korea her work is by no means finished, and we trust that she may be spared to co-operate with us in prayer and effort for this land so dear to her heart.

(*The Records*, Vol 11, 1923, 17)

96. 은퇴의 결정

멘지스는 그녀의 미래에 관한 결정을 임원회에 맡겼다. 그리고 임원회는 결론에 도달하였는바, 미래를 생각하며 그녀가 지난 임기 동안 한국에서의 삶의 긴장으로 많이 지쳐 있다. 그러므로 그녀에게 다시 한국으로 돌아가기를 요청한다면 그녀의 건강을 크게 상하게 할 수 있는 위험이 있다. 우리는 그곳의 사람들이 그녀를 얼마나 그리워하는지를 알고 있다.

멘지스는 한국으로 돌아가고픈 생각도 있지만, 우리의 결정이 맞는다고 느끼고 있다. 그녀는 이제 자신의 삶을 드려 한 일을 이곳에서 계속할 수 있을 것이다. 그녀의 휴가는 8월 말까지이며, 그때 그녀의 사역 속에 담긴 위대한 삶과 영광을 충분히 표현할 기회가 올 것을 의심치 않는다.

빅토리아여선교연합회 임원회

(「더 크로니클」, 1924년 4월, 1)

Then came the announcement that Miss Menzies had placed that deci-
sion about her future in the hands of the (PWMU) Executive and that
the Committee had come to the conclusion that, owing to Miss
Menzies' advancing years, and to the fact that the strain of life in Korea
had greatly overtaxed her during her last term, it would be too great a
risk to her health to ask her to return, this is in spite of the fact that they
were aware how greatly she will be missed.

Miss Menzies, though her desire is to go back, feels that the decision is
right, and that she may be of service at the Home base to the work to
which her life has been given.

Her year of furlough will end in August, when there will no doubt be
an opportunity of expressing to her in some way, however inadequate,
the great love and honour in which she is held for her own and for her
work's sake.

(*The Chronicle*, April, 1924, 1)

97. 멘지스의 은퇴

임원회는 다음과 같이 추천한다.

1) 12개월의 휴가가 끝나는 8월 말에 멘지스는 해외 사역에서 은
  퇴한다. 프로비넌트 펀드(섭리 기금)에서 그녀에게 100파운드
  를 지급한다.
2) 그녀를 홍보대사로 일 년에 4개월씩 시간제 근무로 임명한다.
  일반기금에서 30파운드의 봉급을 지급한다. 먼저 1년을 임명
  하며 그녀가 이 일을 계속할 수 있는 건강이 되는지 살핀다.

이 안은 통과되었으며 다음의 기록도 만장일치로 승인되었다. 이
내용은 한국에도 보내기로 동의하였다.

빅토리아여선교연합회 임원회

(「더 크로니클」, 1924년 7월 1일, 4)

Re Miss Menzies' Retirement

That (PWMU) Executive recommend:

1) that on her retirement from foreign work at the end of August, when her twelve months' furlough is up, that she receive 100£ from Provident Fund.
2) That she be appointed a part-time worker to do deputation work for four months or so in the year, and to receive a salary of 30£ from General Fund.

The appointment to be for one year in the first place, in order to prove whether Miss Menzies will be strong enough for this work.

These recommendations were agreed to, and the following minute was unanimously and cordially approved, and it was agreed that copy of same be sent to Korea.

(*The Chronicle*, July 1, 1924, 4)

98. 감사의 기록

우리 위원회는 한국에서 우리의 선교사로 일한 멘지스의 은사로 인하여 하나님께 깊이 감사하며, 다음과 같은 기록을 남긴다. 멘지스는 1891년 동료들과 함께 파송되었으며, 그곳은 알려지지 않은 선교 지역이었고, 그곳에 새 선교의 기초를 놓았다. 이들은 그곳 사람들과 그들의 언어도 몰랐고, 사람들에게나 책에서도 도움을 거의 받지 못하였다. 그 기초 위에 교회가 세워지는 것을 보며 그녀는 기뻐하였고, 그녀의 수년 동안의 사역으로 우리 선교회가 축복을 받았다. 그녀가 개인적으로 동료들과 한국인 친구들에게 한 모든 일은 말로 다 표현할 수 없을 정도이다. 그녀의 헌신과 모범으로 인하여 우리는 감사하며, 이제는 이곳에서 그 일을 오래 지원하며, 그 어느 때보다 성공하는 모습을 볼 수 있기를 기도한다.

(「더 크로니클」, 1924년 7월 1일, 5)

Minute:

This Committee desires to place record its deep gratitude to God for the gift of Miss Menzies to the work of our Mission in Korea. Miss Menzies went out with her fellow workers in the year 1891, to a field among unknown, to lay the foundation of a new mission. They had no knowledge of the people of their language and little help from men or books in acquiring it.

Miss Menzies had been happy in that she has seen a church built upon these foundations, and our Mission has been blessed in having her help through these many years in the upbuilding.

What she has been personally to the other members of the Mission Staff and to her Korean friends, cannot be expressed in words. Again we give thanks for her, for her devotion and her example, and pray that she may long be spared to assist in the work from the Home Base and to see it crowned with ever increasing success.

(*The Chronicle*, July 1, 1924, 5)

99. 장금이에 대한 찬사

30여 년 전 부산진의 한 골목에 더러운 모습으로 앉아 구걸하던 한 작은 꼽추 아이가 있었다. 그 불쌍한 모습은 갓 부산진에 자리를 잡은 호주 여성들의 마음을 움직였다. 그리고 그들은 그 아이에게 자신의 집으로 가자고 하였다. 그 아이는 거칠게만 다루어진 경험과 이상하게 생긴 외국인들에 대한 두려움으로 처음에는 거절하였다. 점차 이들의 친절함과 나쁜 의도가 없다는 것을 알고, 그 아이는 가겠다고 하였고, 작은 소녀는 등에 업혀 선교사의 집으로 들어왔다.

그녀는 곧 자신의 새집에서 사랑의 돌봄에 반응하기 시작하였고, 그녀의 깔깔거리는 웃음소리와 행복한 수다를 아침부터 밤까지 들을 수 있었다. 한두 달이 지나면서 다른 버려진 아이들이 들어오기 시작하자 고아원이 형성되었고, 금이는 그곳에서 더 도움이 되었다. 항상 빨리 순종하고 필요한 일이면 언제든지 도울 준비가 되어 있었다. 그 작은 집에 선하게 영향을 미친 것이다.

학교에서 그녀는 대단한 지성을 보였고, 배우기에 열심이었다. 그리고 후에 매물이와 함께 교사의 자리로 승급하였다. 부산진의 학교가 아직 초보 단계였던 1910년쯤 결정된 것은 금이를 먼저 평양으로 보내고, 그 후에 매물이를 보내어 그곳에서 공부를 계속하게 한 것이다. 금이는 그 학습의 기회를 감사하고 좋아하였음에도 자신의 친구들을 그리워하였고, 마침내 학업을 마치고 부산진으로 다시 돌아왔다. 그녀의 육체적 장애는 심각한 것이나, 금이는 용감하게 때로 어려운 책

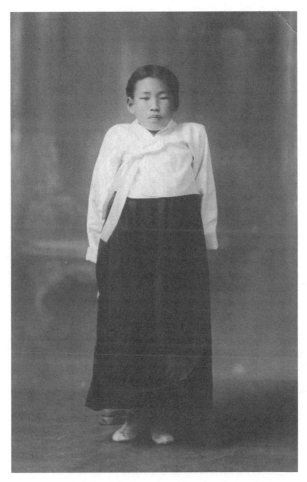

장금이(Chang Kummy, 1920)

임을 감당하였다. 1916년 외국인 교장이 없었던 3개월 동안 학교는 그녀에게 맡겨졌다.

그러나 세월이 지나면서 학교 일은 그녀에게 너무 힘든 짐이었다. 1918년 금이는 매카그의 언어 교사가 되었다. 그녀는 그때도 미우라 고아원에 살았다. 그리고 후에 멘지스를 도와 다시 학교 행정 일을 보았고, 당시 정치적인 소요로 그녀에게는 그것은 어려운 과제였다. 교사들과 상급반 학생들은 동요되고 있었고, 권위에 저항하였다.

작년에 호주의 장로교여선교연합회는 금이의 다양한 공헌을 인정하여 그녀에게 적은 연금이나마 지불하기로 하였다. 그녀가 미래에 대해 염려를 하지 않도록 하자는 의도였다.

그래서 금이는 통영에 작은 집을 짓고 그곳에서 살며, 매카그를 도우려 하였다. 적당한 부지를 찾는데 많은 시간이 지났으나, 결국 2월에 한 곳을 찾았다. 그녀는 집을 지을 자재도 구매하여 매입한 그 땅에 쌓아 놓았다. 생애 처음 자신의 꿈을 소유할 꿈에 그녀는 젖어 있었다.

2월 말 감기에 심하게 걸렸음에도 그녀는 약속한 대로 매카그의 시골 성경반을 돕기 위하여 외출하였다. 곧 그녀에게 위중한 징조가 나타났고, 테일러 박사를 불렀다. 그는 특별한 차를 타고 즉시 달려왔다. 그리고 진주의 병원으로 그녀를 데리고 갔다. 그곳에서 필요한 모든 조치가 취해졌다. 그러나 폐렴으로 발전하였고, 2월 28일 그 용감한 영혼은 오랫동안 짊어졌던 여린 육신을 버리고, 준비된 거할 곳으로 올라갔다.

그 가여운 작은 방랑자를 구할 때 그 친절한 마음의 여성들은 어떤 선교사도 갖지 못하였던 충실한 마음의 친구와 동역자를 얻게 되었다는 사실을 당시에는 몰랐다. 장애로 인하여 그녀는 보통의 가정에서 딸로, 자매로, 아내로 그리고 엄마로 살 수 없었으나, 그 대신 그녀는 자신의 마음을 그리스도께 드렸고, 그의 종으로 그의 양들을 돌보았다. 그 사랑이 너무 커 가볍게 말할 수 없을 정도이다.

'어머니'인 멘지스에게는 딸의 깊고 순수한 애정을 주었으며, 다른 선교사들에게는 신뢰의 사랑을 주며 충실한 친구였다. 그리고 한국인 소녀들에게는, 지금은 많이 결혼하였지만, 자라나는 가정의 '큰 언니'였다. 많은 위기 속의 동생들을 돕고 인도하였으며, 현재 소녀들의 길을 닦아 주었다.

금이를 알고, 사랑하고, 그리워하는 우리는 마침내 그녀가 고통과 고단함에서 자유롭게 되며, 자신의 주님 앞에 영광 속에 서 있음을 기쁘게 생각한다.

우리는 그녀로 인하여 하나님께 감사한다. 주님은 그동안 우리에게 이 큰 선물을 맡겨 주셨다.

(「더 크로니클」, 1925년 5월 1일, 5)

100. 당시 여선교사 맨디쓰 양

거금 삼십 년 전에 영국호주여자전도국에서 처음으로 조선에 선교사를 파견하엿다 한다 당시 여선교사로 맨디쓰 양이 와서 학교가 무엇인지 이해도 잘못할 그때이라 양은 조선인 자녀의 교육에 유의하야 초가 사오 간을 빌어 칠팔인 생도를 수용하고 간이한 교육을 교수하엿다 한다 이내 학생이 점점 증가됨을 따라 사오 간의 초가로는 견딜수 업섯다

십여 년 전에 증태산록경개절승 한곳에 복지하고 연와이층의 신교사를 건축하엿스니 곳 일신여학교 현재 교사이다

일구일사년에 인가를 엇어 보통과 사학년과 고등과 삼학년제로 교육하 엿다 그러나 향학열이 심한 오육 년 전부터 교사의 협일을 감하야 고등 과를 부산진호천곡내에 가교사를 신축하야 이전케하고 동시에 신교육 회에 의하야 보통과 사학년제를 육학년제로 변경하엿다

삼십여 년의 장구한 역사를 가진 동교는 만흔 영재를 교육하겟다 한다 그러나 고등과는 모교 소재지를 떠나 현 동래로 이전하야 동내일신여자 고등보통학교라는 문패를 부치게 되고 보통과로 불원한 장래에 완비한 신건축을 하리라는데 경영은 호주녀전도국에서 함으로 경영 곤난 여부 는 절대로 업다 하며 동교의 장래는 익익발전의 역에 진한다.

(「동아일보」, 1926년 8월 5일, 5)

▶원문에서 띄어쓰기만 교정.

노년의 멘지스(Aging B Menzies)

101. 딸을 만나러 가다

"도리스우드": 빅토리아 발라렛의 벨레 멘지스는 장로교 선교사로 자신의 가장 좋은 시절을 한국에서 보낸 후에, 현재 70세임에도 불구하고 그 나라로 돌아간다.

이번에는 선교사로 가는 것이 아니라 지난 16년 동안 보지 못하였지만, 편지로 서로 관계를 유지해 온 양녀인 한국 여성을 만나러 간다.

(「더 오스트라리안 우먼스 미러」, 1930년 9월 9일, 22)

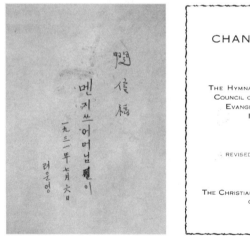
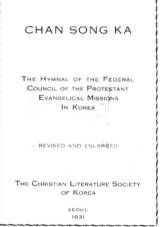

멘지스가 민신복에게 준 찬송가에서
(Note from the Hymn that Menzies gave to the foster-daughter
Sinbok, 1931)

"Doriswood": After having spent the best part of her life-time in Korea as a Presbyterian missionary, Miss Belle Menzies, of Ballarat (Vic.), through seventy years of age, is returning to that country. This time she goes not as a missionary, but to meet a foster-daughter-a Korean girl whom she has not seen for sixteen years, through throughout that interval a regular correspondence has been maintained between them.

(*The Australian Woman's Mirror*, Sept 9, 1930, 22)

102. 멘지스와 무어 공로 기념비

이 두 분은 1892년에 호주 선교사회의 보냄을 받아 부산에 이르러 심상현 씨 인도로 이곳에 와서 집집이 단이며 사람 사람에게 복음을 전하야 교회 창설과 녀자 교육에 많은 중 맨지 씨는 것친 밥 것친 옷으로 고아 수양과 빈궁 구제에 30여 년의 일생을 희생하셨고 모씨도 25년의 일생을 받처습니다.

부산진교회 일동

부산진유치원 일반

세움

주후 1931년 1월 15일

▶ 원문 그대로의 내용에 띄어쓰기만 정정함.

멘지스와 무어 공로비, 부산진교회
(Menzies & Moore Memorial Stone, 1931)

103. 66세의 멘지스

1930년 11월 '여선교연합회의 베터랑 선교사' 멘지스는 한국을 한 번 더 방문하게 된다. 그녀 나이 66세였다.

"오늘 아침 어머니가 돌아오셨다!"

"우리는 어머니를 이제 천국에서만 볼 수 있을 줄 알았어요. 이 땅에서 다시 만나다니 얼마나 좋은지 몰라요."

"어머니는 더 젊어 보이고 강해 보여요. 우리를 잊지 않으셨어요."

멘지스를 환영하는 성대한 모임이 11월 20일 열렸고, 얼마나 감동적인 만남이었을지 상상이 갈듯하다.

(「더 크로니클」, 1931년 2월 2일, 5)

부산진교회 설립 40주년(The 40 Years Anniversary of Busanjin Church, 1931)

104. 한국 선교 50주년

호주장로회에서는 일천팔백팔십구년십월 「떼비스」 목사와 그의 매제가, 일천팔백구십일년 「매계」 목사 부부, 「민(閔)」, 「파셋」, 「페리」 등 녀선교사의 도래가 잇섯고….

(「조선일보」, 1934년 9월 8일, 4. 원문 그대로 인용함.)

한국선교 50주년(50 Years Mission in
Korea, 조선일보 1934. 09. 08.)

105. 미스 이사벨라 멘지스

한국의 장로교 선교사로 은퇴한 이사벨라 멘지스가 80세의 나이로 어제 발라렛에서 사망하였다. 그녀는 1891년 한국으로 간 첫 여선교사 중의 한 명으로, 부산에서 32년을 일하였다. 그녀는 그곳에서 버려진 소녀들을 위한 고아원을 설립하고 운영을 하였다. 그녀는 약 10년 전에 선교사역에서 은퇴하였다.

고 멘지스는 브루덴의 멘지스 목사와 연방 대법관(Mr. RG Menzies)과 빅토리아 크라운 변호사(Mr. F Menzies)의 부친 큐의 멘지스 씨의 누나이다. 장례식은 내일 오후 2시 30분 구 발라렛 공동묘지에서 거행될 것이다.

(「더 에이지」, 1935년 9월 11일, 11)

Miss Isabella Menzies

Miss Isabella Menzies, retired Presbyterian missionary of Korea, died at Ballarat yesterday, in her 80th year. She was one of the first woman missionaries in the Korean field in 1891, and served for 32 years at Fusan, in founding and maintaining an orphanage for neglected girls. She retired from mission work about ten years ago.

The late Miss Menzies was a sister of Rev. F. Menzies, of Bruthen, and of Mr. J. Menzies, of Kew, father of the Federal Attorney-General (Mr. R. G. Menzies) and the Victorian Crown Solictor (Mr. F. Menzies).

The funeral will take place at the Ballarat Old Cemetery to-mororrow, at 2.30 p.m.

(*The Age*, Sept 11, 1935, 11)

106. 여성 선교사의 죽음

한국에 파송된 첫 장로교 여선교사 중 한 명인 이사벨라 멘지스의 장례식이 지난 목요일에 있었다. 그녀의 부친 로버트 멘지스는 발라렛 개척자 중의 한 명이다.

1891년 멘지스는 매케이 부부, 퍼셋 그리고 페리와 함께 한국에서 일을 시작하였다. 그녀는 그곳의 여성들에 특별한 관심을 쏟았고, 고아원을 설립하는 데 적극적인 역할을 하였다. 32년의 사역 후에 그녀는 은퇴하였고, 10년 전에 발라렛으로 돌아왔다. 79세의 멘지스는 연방 대법관 멘지스 씨의 고모이다.

(「더 아르거스」, 1935년 9월 13일, 금요일, 3)

BALLARAT AND DISTRICT

◆

Woman Missionary's Death

The funeral of Miss Isabella Menzies, who was one of the first Presbyterian women missionaries to go to Korea, took place on Thursday. Her father, Mr. Robert Menzies, was one of the pioneers of Ballarat. In 1891 Miss Menzies began her work in Korea, being accompanied by the Rev. J. H. Mackay and his wife, and Miss Fawcett and Miss Perry. Special attention was given by Miss Menzies to the women, and she took an active part in establishing an orphanage. After 32 years' work she retired, returning to Ballarat about 10 years ago. Miss Menzies, who was aged 79 years, was an aunt of the Federal Attorney-General (Mr. Menzies).

「더 아르거스」(*The Argus*, Sept 13, 1935, 3)

107. 고결한 여인을 기억하며 — 이사벨라 멘지스

누가 루비보다 더 가치 있는 고결한 여인을 찾을 수 있을까? 우리 고향에서 그리고 해외에서 오랫동안 함께 일하던 한 여성을 우리는 확실히 안다. 위의 사랑하는 친구이자 선교사 멘지스는 그런 칭송을 사양하겠지만, 우리는 그녀가 그러한 여성임을 안다.

'더 높은 곳으로 올라라'라는 부름을 받고 멘지스는 하나님의 백성 중에 안식에 들어갔다. 잠언서에 나오는 고결한 여성은 신실한 아내를 말하고 있지만, 멘지스는 미혼으로 어머니와 같은 마음을 가진 여인이었으며 그녀의 사랑의 돌봄을 받은 많은 사람은 그녀를 어머니로 여겼다.

오랫동안 한국에서 선교사로 일할 동안 그녀의 집은 항상 진실한 사랑과 친절함의 중심이었는바, 특히 새내기 선교사들, 한국인 고아들, 한국인 여성들은 그녀의 지혜롭고 친절한 방법으로 돌봄을 받았다.

필자는 멘지스가 발라렛의 기독교 사역자이자 에베네저교회의 가치 있는 회원일 때 그녀를 처음으로 알았다. 그녀의 주일학교 반에는 우리가 존경하는 왓슨도 있었는바, 그도 후에 친교회의 선교사로 한국으로 갔다. 다른 많은 학생도 그녀의 은혜로운 영향 아래 있었고, 그리스도 왕국의 일꾼들이 되었다.

멘지스는 그들의 장로교여선교연합회 지부의 첫 총무였다. 그리고 얼마 후 그녀는 동양에서 부름을 받았다. 그녀는 우리의 첫 여선교사

What a lovely day I have had!

Who can find a virtuous woman, for her price is far above rubies?'
Surely we have had such a woman in our work at home and abroad
for many years.

Our beloved friend and missionary, Miss Menzies, would have dis-
claimed such title, but we know she richly deserved it, and she has
now heard the call "come up higher" and has entered into that "rest
that remaineth for the people of God."...

Failing health and growing weakness has kept our friend, Miss
Menzies, from active service for the past few years, but on her seven-
tieth birthday on July 31 of this year, she was able to see and welcome
mant old friends and relatives and received many telegrams and let-
ters while at her sister's home in Ballarat, and said at the end of the
day,

"What a lovely day I have had!"

A severe stroke of paralysis laid her low, and for a week she was un-
conscious, and then quietly 'passed on' and was laid to rest in the
Ballarat Old Cemetery.

They climbed the steep ascent of heaven,
Through peril, toil, and pain;
O God to us may grace be given
To follow in their train.

(*The Chronicle*, Oct 1, 1935, 4)

중 하나로 1891년 매케이 부부와 퍼셋 그리고 페리와 함께 한국으로 파송되었다.

에베네저교회에서 그녀는 발라렛 외곽지역의 전도에도 적극적이었다. 그녀의 부모는 발라렛 지역의 개척자로 평생을 그곳에서 살았다. 초기에 그들은 샌 앤드류교회에 다녔고, 멘지스는 그곳에서 세례를 받았다. 그들은 그곳 사람들에게 존경과 귀하게 여김을 받았다.

멘지스의 모친은 9명의 자녀, 아들 여섯에 딸 셋을 잘 키우고 훈련해 '이스라엘의 어머니'였을 뿐 아니라, 다른 많은 사람도 그녀의 넓고 사랑하는 마음으로 인하여 그녀를 양어머니로 혹은 친구로 의지하여 자신들의 문제와 어려움을 나누었다. 무엇보다도 그녀는 기도의 여성으로 알려졌다. 발라렛에서 오랫동안 열리던 정기기도회에 그녀는 인도자였다.

그녀가 혼자되었을 때 맏딸인 '벨레'는 모친의 오른손이었으며, 어머니의 장점을 많이 이어받았다. 부산의 개척선교사로 그리고 후에 부산진에서 그녀는 존경받는 상식과 실제적인 능력 그리고 지속적인 열정으로 오랫동안 그곳에서 훌륭한 사역을 시행할 수 있었다.

초창기 한국의 우리 선교사들에게 어려움과 불편함은 매우 컸다. 그러나 멘지스와 동료들은 하나님의 은혜로 그 모든 것을 극복할 수 있었다. 현재의 성장하는 학교들과 여성 사역은 부산진에 설립된 고아원으로부터 시작되었고, 우리 여선교사들은 그곳에서 살며 일하였다.

그들은 항구인 부산에서 항구 앞을 따라 몇 마일 거리인 부산진으로 옮겼는데, 당시 한국 사람들과 더 가까이하려 함이었다. 그곳의 소녀와 여성들을 접촉하면서 그들은 기독교 공동체를 형성하였다. 부산진과 동래 그리고 그 근처의 장소에서 예배를 드리기 시작한 것이다.

부산진 여선교사의 집은 누구나 따뜻하게 환영받는 장소였고, 편안함을 느낄 수 있는 곳이었다.

은퇴하고 호주로 돌아올 때 멘지스를 아는 모든 사람은 매우 아쉬워하였다. 그 후 오랜 공백이 지나고, 1930년 그녀가 한국을 다시 방문하였을 때 많은 오랜 친구들이 그녀를 자신들의 집과 교회와 학교로 환영하는 모습을 보는 것은 감동이었다. 많은 여성이 감격하였고, 문자 그대로 기쁨으로 흐느꼈다.

당시 그녀는 자신의 사랑하는 신복이를 다시 만나는 기쁨을 가졌다. 그녀는 멘지스의 집 문 앞에 버려진 아기였는데, 멘지스가 거두어 키우고 교육했다. 모든 아이를 그녀는 그렇게 사랑으로 돌보았던 것이다! 멘지스가 호주로 돌아오기 전 신복이는 한 젊은 기독교인과 결혼하였고, 현재는 부산진 유치원의 보모 중 한 명이 되었다.

지난 몇 년 동안 우리의 친구 멘지스의 건강이 나빠지고 기운이 약하여 일을 할 수 없었다. 그러나 올해 7월 31일 그녀의 70세 생신에 그녀는 발라렛의 자신의 여동생 집에서 오랜 친구와 친척을 만날 수 있었고, 많은 축하 전보와 편지를 받았다. 그리고 그날 밤 그녀는 다음과 같이 말하였다.

"오늘 나는 얼마나 사랑스러운 시간을 가졌던가!"

심한 뇌졸중으로 그녀는 마비가 되어 쓰러졌고, 일주일 동안 의식이 없었다. 그리고 조용히 숨을 거두었다. 그녀는 발라렛의 구 공동묘지에 묻히었다.

그들은 가파른 하늘나라로 올라갔다.
위험과 수고와 고통을 지나;

오 하나님 은혜를 내리사

그들의 행렬을 따르게 하소서.

(「더 크로니클」, 1935년 10월 1일, 3-4)

발라랫 멘지스 무덤(Menzies Grave, Ballarat)

108. 고 멘지쓰 부인을 회고함

> 내가 진실로 진실로 너희께 일아노니 밀알 하나이 땅에 떨어져 죽지 아니하면
> 그냥 한알대로 있고 죽으면 열매가 많이 맺일 터이라. -요한 12장 24절-

몸의 거룩한 犧牲이 그 얼마나 큰 遺産을 後生에게 끼치는가를 이 한 구절로서 우리에게 보여 주는 것이다.

멀리 혈혈單身으로 濠洲에서 건너온 一個 女性의 人類愛에 빛나는 그 精神이 우리 半島 南端의 女性社會에 크나큰 光明을 보여주었고 世紀末의 野薄한 環境에서 얼어붙은 그들의 가슴에 따뜻한 愛情으로 蘇生의 氣運을 불어넣어 주던 것은 具體的으로 世人의 눈에 보이는바가 아니므로 그 愛情을 直接 맛본 사람들 以外에는 아는 사람이 적겠지마는 오늘날 암탉이 병아리를 품는 듯이 東萊天地를 안고 섯는 우리 日新學校를 낳고 길을 여는 그 어머니로서 永遠히 잊혀지지 않을 것이다. 日新의 어머니 멘지쓰 婦人 그는 벌서 이 世上을 떠나 日新이 40週年 돌을 맞이하는 1935년 9월 10일에 그 日新을 낳고 길르시든 멘지스 婦人은 멀리 그의 故鄕인 濠洲 '바라라트' 라는 곳에서 平穩한 가운데서 이 世上을 떠났다는 訃音을 받으니 다시금 그의 혁혁한 功績을 回想하고 感謝하게 되는 바이다.

그는 山水 明媚한 바라라트에서 1855년 7월 30일 났다 하니 지금으로 80年 前일 것이다. 그리하여 사랑이 充滿한 家庭에서 자라나서 어릴적부터 주님의 일에 獻身하기를 마음에 作定하였으니 차차 長成

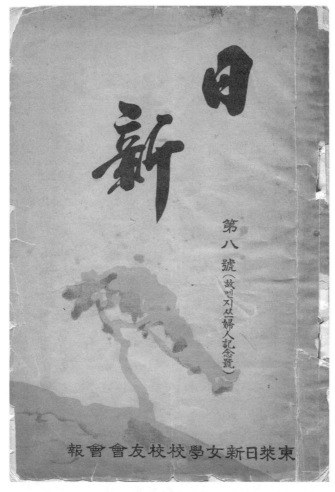

日新

第八號（故멘지쓰婦人記念號）

報會會友校校學女新日萊東

'일신' 멘지스 부인 기념호('Ilsin' Menzies Special Edition, 1936)

함에 따라 敎會의 일도 맡고 主日學校의 일도 맡아서 充實한 일꾼 노릇을 하면서 一方으로는 合唱隊員으로 宣敎部員으로 盡力한 바가 적지 아니하더니 드디어 하나님의 부르심이 나라의 女子들과 아이들의 어머니가 되려고 萬里蒼波를 건너온 것이다.

그는 訓練家로서는 嚴格하였지만은 사랑에는 이슬같이 弱한 性格이라 어느 누구든지 病이 들어서 멘지쓰 婦人을 보고저 한다면 밤중이라도 찾아가서 慰勞하고 도와주기를 주저하지 못하는 사람이었으니 모든 敎人이 그를 얼마나 사랑하였든가는 只今 平壤에 계시는 王吉志 婦人의 追憶談으로도 볼 수 있을 것이다.

이런 일도 있습니다. 무어 婦人이 安息年을 當해서 歸國한 뒤인데 어느 날 어떤 美國 婦人 한 분하고 점심을 먹은 후에 바누질 한다고 앉아서 이야기하고 있던 중에 문이 살풋이 열리더니 朝鮮 夫人네 한 분이 흰닭을 한 마리 안고 들어왔습니다. 그것을 멘지스 婦人의 무릎 위에 얹어놓으면서 自己가 앓고 있을 때 많은 도움을 받아서 그 고마운 것은 어찌 다 말할 수 없다고 하면서 치사를 합디다. 그 말을 듣고 멘지쓰 婦人은 내가 무엇을 했다고 그러느냐 하고 抗議를 합디다마는 그 부인네는 그렇게 사양하실 것 없습니다. 나한테 뿐 아니라 여러 사람한테 親切하게 해주신 것이 많습니다. 그래서 지금 金先生님 宅에 여러분들이 모여 멘지쓰 婦人 頌德碑를 해 세울랴고 議論하고 있는 중이올시다. 라고 합디다. 멘지쓰 婦人이 그 말을 듣더니 곁에 사람이 깜짝 놀라도록 풀적 일어나서 그 닭을 마루바닥에 내동댕이치고 뛰어나가서 그 先生의 집으로 달려갔습니다. 억지로 그 頌德碑를 中止하라고 간청을 하여도 그들이 좀처럼 듣지 아니하는 것을 그러면 當分間 기대리라고 挽留하고 온 것을 보았습니다. 또 한번은 孤兒院 아이가 하나

죽어서 舊館에 있는 沈 先生의 무덤 곁에 장사 지낼려고 여러 사람이 모였는데 卒地에 어떤 사람이 밑에서 소리를 지르고 올라와서 怒氣가 등등하면서 그 사람들하고 是非를 시작하여서 서로 주먹질을 할듯이 되었습니다. 그것을 보다가 조그만한 멘지쓰 婦人이 뛰어들어서 그 사람을 잡고 무슨 말을 한참이나 하더니 그 사람을 진정식히고 그대로 장사지내도록 許諾을 받았습니다.

아~~~ 사랑에 向할 怒氣가 어디 있으리오! 칼도 사랑에는 엿같이 녹아지거든~~~. 몸도 작고 말도 부드러웠지마는 얼마나 尊敬을 받았는지를 이로서 짐작할 수 있는바가 아닐까. 왕길지 婦人의 이야기를 좀 더 들어보자.

그때는 學校나 主日學校에 缺席하는 학생이 있으면 나하고 멘지쓰 婦人하고 家庭訪問을 자조 하게 되었습니다. 한번은 어떤 學生의 집을 찾어서 그 집 삽작 밖에까지 가니 그 집 內外가 김치거리를 다듬고 있다가 화닥닥하고 뛰어 들어가더니 한 분은 갓과 두루막을 차려입고 한 분은 치마를 고처입고 나와서 우리를 보고 無限히 치사를 합디다. 舊館이나 배 사람의 아이들로서 學校에 못 가는 아이들을 모아서 學校를 하나 始作하였더니 두어 번 가르치다가 그 아이들의 親戚이 反對를 해서 不得已 中止하게 되었습니다. 예수교 같은 것을 가르치면 그 집이 亡한다. 느니 '계집애들이 글공부가 다 무어란 말인가 바누질이나 배우고 밥짓는 것을 배우면 그만이지!' 하니까요. 그것도 멘지스 婦人은 落心하지 않았습니다. 집에서 못 가르쳐도 아이들은 헌 배(船) 그늘에다 모아놓고 같이 앉어서 가르치니까 아이들은 찬송가나 성경 배우기를 퍽 좋아했습니다. 그것도 父母들이 나중에는 禁止했지요. 참 오늘날과 비하면 隔世之感이 있습니다.

40년 전 그는 釜山鎭에서라도 女息아이가 朝鮮 나이로 열두살만 되면 낮에 出入하는 法은 없었으니까요. 그러니까 女子들은 친구를 찾아 볼랴도 낮으로는 못 가고 밤에라야 나가게 되고 父兄되는 男子들이 집을 보고 있게 되었습니다. 멘지쓰 婦人은 그래도 그 女息애들을 인도하려고 무어 부인과 같이 火曜日과 金曜日에 夜學을 하기로 했습니다. 밤으로 女息애들이 물동이를 이고 共同샘으로 물 기르러 가는 길에 물동이를 학교 문안에 내려놓고 들어와서 한참식 배우고 가고 가고 하니까 그 부모도 나종에는 이상하게 넉이여 물 기르러 가서 웨 이다지 늦게 오는가 하면서 담뱃대를 물고 삽작에 서서 시간 맞추어 기대리고 있게 되었으니 그날 밤에는 不得已 공부하러 못 오게 되는 일이 많았습니다."

이와 같은 逸話는 있는 대로 쓰려면 限定이 없을 터이니 왕길지 婦人의 이야기는 이만하고 두거니와 그때에는 아직 男宣敎師가 없었기 때문에 주일 아침 예배는 모두 멘지쓰 婦人이 引導하는 것이 常例이었고 어떤 때에는 다른 선생을 시켜서 引導하도록 하는 때도 있었지마는 그럴 때는 일일이 自手로 準備해주게 됨으로 이튿날에 두통으로 들어 눕게 되는 일도 여러 번 있었다고 하면서 그 時에 가치 지나는 선교사는 모다 그의 熱心과 親切性에 感服하기를 마지 아니하였다 한다.

이는 누구인가? 水陸萬里를 건너온 一個의 女性, 言語가 다르고 民情이 다르고 모든 風俗이 다른 나라에 무슨 因緣으로 그와 같이 獻身的 活動으로 이 나라 女性을 爲하여 그 같은 수고를 하였으며 그 같은 事實을 남겼는가?

누구이건데… 아~~~果然 누구이건데?

一 沙 記

(부산진일신여학교 교우회, 「일신」, 제8호, 1936)

109. 호주 수상의 고모는 한국 선교사였다

발라렛.

호주 연방 수상인 멘지스 씨가 한 방송에서 자신의 큰 고모가 한국 선교사였음을 언급하였다. 그는 이사벨라 멘지스가 장로교 선교사로 30년 동안 한국 부산에서 헌신한 사실을 발라렛 시민들에게 환기했다.

그곳에서 멘지스는 첫 장로교 고아원을 세우고 운영하였다. 그녀의 사망 후 한국인들은 부산에 그녀를 기리고자 기념비를 세웠다. 그러나 기념비는 일본인이 그 땅을 점령하면서 사라졌었다.

한국에서 일본인들이 물러나자 그녀의 신실한 한국인 친구들이 원래 자리에 기념비를 다시 세웠는데, 그들이 안전하게 땅속에 보관하고 있었던 것이다.

멘지스는 80세로 별세하였다. 그녀는 발라렛 이스트 골든 포인트의 금광에서 탄생하였다.

(「베리어 마이너」, 1950년 9월 26일, 2)

P.M's Aunt Was Missionary

Ballarat.—When the Prime Minister, Mr. Menzies, in a broadcast mentioned an aunt of his who served in Korea as a missionary, he recalled to many Ballarat people the late Miss Isabella Menzies, who served with the Presbyterian Mission for 30 years at Fusan, in Korea.

There she established and conducted the first Presbyterian orphanage. After her death, Koreans built a monument to her memory at Fusan. It disappeared when the Japanese occupation took place.

But when the Japanese were cleared out of Korea, the monument was replaced on its old site by her faithful Korean friends who had buried it for safety.

Miss Menzies was 80 when she died. She was born on the goldfields of Ballarat East, at Golden Point.

베리어 마이너
(Barrier Miner(Broken Hill), Sept 26, 1950, 2)

호주 수상 로버트 고든 멘지스(1894~1978)
(Sir Robert Gordon Menzies 1950s)

110. 부산진일신여학교

부산진에 있었던 사립 일신여학교는 호주장로교 선교회 여자 전도부가 1895년 10월 15일 좌천동에 있던 한 칸의 초가에서 3년 과정의 소학교를 설치한 것이 시초로 초대 교장은 선교사인 멘지스 (Menzies, 1985~1902)였으며 1905년 4월 15일에 현재의 교사를 준공하여 이전하였고, 본 건물은 호주장로교 선교회에 의해 건립되어 교육 시설로 사용되었고, 1919년 3.1운동과 관련하여 부산 지역에서 최초로 만세운동을 주도한 것도 일신여학교 교사와 학생들이었다….

1905년 건축된 서양식 건물은 전국적으로 유례가 드문 것일 뿐 아니라 비교적 원형을 잘 보존하고 있어 건축사적 가치가 뛰어나며, 더불어 이 건물의 건축 및 교육 시설 운영 주체, 그동안 교육 시설로서 맡아온 역할 등을 고려할 때 교회사적, 교육사적 가치는 더욱 크다고 하겠다.

(부산광역시 지정 기념물 제55호)

부산진일신여학교 건물(Busanjin Ilsin Girl's School Building)

111. 호주와 한국, 130년의 사랑

부산진교회는 한호 선교 130주년을 맞이하여 호주를 방문하였다. 신충우 담임목사와 문두호 방문단장을 비롯한 15명으로 구성된 이번 방문팀은 양명득 호주 선교사의 안내로 2019년 9월 20일부터 26일까지 6박 7일간 멜버른, 발라렛 그리고 시드니 등 3개 도시를 찾았다.

특히 멜버른에서는 호주 선교사들을 한국에 파송한 스코트교회, 딥딘교회, 투락교회 그리고 빅토리아여선교연합회를 방문하여 관계자들을 만나고 130주년을 회고하고 기념하는 뜻깊은 시간을 가졌다.

이번 방문에서 무엇보다도 의미 있었던 시간은 9월 22일 주일에 있었다. 방문팀은 멜버른에서 약 2시간 떨어진 발라렛을 방문하였는데, 그곳에는 1891년부터 부산진교회 공동체를 책임 목회한 벨레 멘지스 선교사를 파송한 교회와 멘지스의 무덤이 있었기 때문이다.

멘지스는 에베네저여선교연합회 지부의 첫 총무였는데, 이날 에베네저교회의 오전 예배에 참석한 방문팀은 한호 선교의 주제로 그곳 호주 교인들과 함께 예배를 드렸다. 에베네저교회 토비 매킨토쉬 목사와 교인들은 방문단을 따뜻하게 맞아 주었다.

특히 멘지스와 같이 순회 전도를 다녔던 김유실 전도부인의 후손 김경석 원로장로와 멘지스를 통하여 복음을 받아들인 심취명 목사 가문의 심영희 권사가 동행하여 그 의미를 더하였다. 부산진교회 팀은 특송으로 하나님께 영광 돌렸으며, 신 목사는 인사말과 함께 '130년의 사랑: 호주와 부산진교회' 사진첩을 증정하였다. 예배 후에는 에베네

Home / News / Latest News

SEPTEMBER 23 2019 - 10:00AM

Korean delegation travels to honour trailblazer Belle Menzies

Ashleigh McMillan   Latest News

f SHARE   TWEET   ✉

Connection: Pastor Toby McIntosh speaks to a congregation at the Ebenezer Presbyterian Church, which included a 16-strong group from Busan in South Korea, to remember Ballarat missionary Belle Menzies. Picture: Kate Healy

Worshipers from South Korea converged in Ballarat on Sunday to celebrate missionary Belle Menzies, who set up orphanages and schools for girls in the 1890s.

Sixteen people from Busan attended a service at the Ebenezer Presbyterian Church on Sunday, before travelling to see Menzies' grave site to celebrate 130 years since her involvement with their country.

The missionary helped to establish the first western hospital in South Korea during Japanese occupation, spending 33 years there.

While the traditional Korean society held the view that 'a woman's virtue is her ignorance', Menzies fought for the belief that "to elevate a nation, wives and mothers must be educated".

Myongduk Yang, who led the South Korea group to Ballarat for the first ever visit, told *The Courier* the Korean church was "very excited about the historical relationship" between the cities.

"We hope to continue our partnership in the future, so perhaps young people from the cities can be part of exchange programs," he said. "Australian missionaries showed us all people were equal in those times."

부산진교회 팀 발라렛 방문 기사
(Busanjin Team Visit to Ebenezer Church, 2019)

저교회가 준비한 점심을 함께 나누며 친교의 시간을 가졌다.

이날 오후 방문단은 멘지스 선교사가 세례를 받고 봉사하였던 샌 앤드류교회 원래 교회당을 찾았다. 샌 앤드류교회 공동체는 현재 발라렛 센트럴교회와 연합하였고, 어린이와 청년들을 포함한 활기 넘치는 교회였다.

그곳 교회에서는 클라크 체스터 장로가 안내하였는데, 그는 샌 앤드류교회를 창립한 창립자 중 한 명의 3대 자손이다. 체스터 씨는 자라면서 벨레 멘지스에 관한 이야기를 들었다고 하며, 한국에서 잊지 않고 찾아 주어 감사하다고 화답하였다.

그 후 부산진 방문팀은 발라렛 공동묘지에 있는 멘지스의 무덤을 찾았다. 휘몰아치는 감격 속에 방문팀은 무덤을 돌아보았으며, 그 앞에 함께 서서 추념 예배를 드렸다. 멘지스의 소천 이후 80여 년이 흐른 이날, 부산진교회는 마침내 그녀의 무덤을 찾아 경의를 표할 수 있었다.

(양명득, '호주와한국문화연구원 블로그', 2019년 10월 3일)

멘지스의 무덤에서 신충우 목사와 부산진교회 방문자들
(Busanjin Church team at the Menzies Grave, 2019)

112. 벨레 멘지스, 호주인 최초 독립유공자 되다

대한민국 정부의 국가보훈처는 2021년 12월 2일 부산진일신여학교(현 동래여고)의 설립자인 벨레 멘지스, 교장 마가렛 데이비스 그리고 교사 데이지 호킹 등 호주인 3명을 국가 독립유공자로 인정하여 포상할 예정이라고 발표하였다.

보훈처는 이들의 공적이 확인되어 국무회의 등의 절차를 거쳐 2022년 삼일절 행사에서 포상을 진행할 계획이라고 밝혔다. 멘지스, 데이비스, 호킹이 국가 독립유공자로 포상되면 '호주인 최초 독립유공자가' 가 된다.

The first Australians to be 'Persons of Distinguished Service to National Independence'

On December 2, 2021, the Korean Ministry of Patriots and Veterans Affairs announced that three Australians, Belle Menzies, Margaret Davies, and Daisy Hocking will be honored as 'Persons of Distinguished Service to National Independence'.

According to the Ministry, the contribution of the three women to the Independence of Korea has been recognized and will be honored on the 1st of March 2022, in line with the Act on the Honorable Treatment of Persons of Distinguished Service to National Independence. They will be the first Australians to be awarded in this way by the Korean Government.

II부

호주 선교사 벨레 멘지스

The Australian Missionary Belle Menzies

한국 선교사를 구함. 간호에 어느 정도 경험이 있고, 상식이 있어야 함.

1891년 호주 빅토리아여선교연합회는 처음으로 한국 선교 자원자를 찾는 광고를 내고 있다. 발라렛의 벨레 멘지스(한국명: 민지사)가 신청하였고, 인터뷰와 건강검진도 합격이었다. 그리고 연합회는 멘지스에게 두 가지를 요청하였는데, 가정 보건에 관한 과정을 이수할 것과 장차 사역에 성경의 지식을 어떻게 전할 것인지 개인 교습을 받으라는 것이었다.

연합회를 대신하여 에베네저교회의 카메론 목사는 발라렛병원에서 멘지스가 보건 훈련을 받도록 도왔고, 또 전도하는 방법도 교육하였다(텔스마, 27).

한국 선교사를 구함

멘지스는 1856년 호주 빅토리아주 발라렛에서 태어났다. 그녀의 부모 로버트와 엘리자베스는 금광 도시로 개발되었던 발라렛의 개척자였고, 평생 그곳에서 살았다. 멘지스는 장녀로 9명의 형제자매가 있었다. 그녀의 어머니는 발라렛 기도 모임에 정기적으로 참여하면서 모임을 인도하던 기도의 사람이었다. 멘지스는 그런 어머니의 영향 아래 성장하였고, 어머니의 오른손이었다.

멘지스는 발라렛 샌 앤드류교회에 참석하면서 신앙생활을 시작하였고, 그곳에서 세례를 받는다. 그리고 후에 그녀는 에베네저교회의 교인이자 발라렛 지역의 사역자가 되었다. 그녀는 자신을 아는 사람들로부터 벌써 존경과 사랑을 받고 있었다. 멘지스가 에베네저교회의 주일학교에서 가르칠 때 학생 중에 왓슨도 있었고, 후에 그도 한국에 선교사로 파송된다.

멘지스는 에베네저여선교연합회 지부의 첫 총무가 되었고, 그녀 자신이 선교사의 소명을 받아 앞에서 언급한 대로 지원하였고, 첫 호주 선교사 헨리 데이비스가 사망한 후 2년 만에 그녀는 한국으로 가게 되었다.

멘지스는 매케이 부부, 퍼셋 그리고 페리와 함께 파송을 받았는바 파송 예배는 호주장로교회 총회장의 주관으로 1891년 8월 28일 멜버른 스코트교회에서 열렸다. 또한 에베네저교회는 9월 1일 그녀를 위한 친밀하고도 기억에 남을 환송회를 주최하였고, 그녀는 발라렛의 많은 친구와 동료들과 악수하며 고별하였다. 멘지스의 일행은 1891년 10월 12일 부산에 도착하였다.

첫 겨울의 시련

멘지스와 여선교사들의 첫 과제는 처음 경험하는 한국의 겨울을 무사히 넘기는 것이었다. 그들은 한국인의 집을 빌려 다가오는 겨울을 지내려 하였으나 가능치 않았고, 궁여지책으로 일본인 거류지 내의 흙벽

돌로 지은 움막집을 얻어 그곳에서 지냈다. 한국의 첫 겨울을 허름한 창고 같은 곳에서 지냈다는 것이 믿어지지 않는 사실이지만, 그것이 당시 개척자들에게 주어진 현실이었다. 아니나 다를까 매케이의 부인 사라는 그 겨울에 폐렴으로 사망하였는데 부산에 도착한 지 3개월 만이었다.

이런 모습을 본 미국의 하디 선교사는 나머지 호주 선교사들을 자기 집으로 초청하여 남은 겨울을 지내도록 하였다. 그런데도 멘지스와 여선교사들은 건강이 좋지 못하였다. 한국에 도착하는 시기가 겨울이었다는 사실은 좋지 못한 전략이었던 것이다.

유일한 남성이었던 매케이도 건강이 호전되지 않자 그는 멘지스와 여선교사들을 한국에 남겨둔 채 호주로 돌아가 요양을 하기도 하였다. 그리고 그는 다시 돌아와 여선교사들을 도와 부산진 좌천동에 한옥과 땅을 매입하였고, 비로소 그곳에서 여선교사들은 자리를 잡게 되었다.

1892년 매입한 그 부지 위에 그들은 서구식 주택을 건립하였는데 이것이 호주선교부의 첫 선교관이었다. 그리고 2년 후 여선교사들을 위한 또 다른 선교관이 건립되었고 이 건물은 선교사들의 숙소, 고아원, 학교 건물 등 여러 가지 용도로 사용되게 된다.

부산에서의 선교가 이제 막 활발히 시작되고 있던 이때 매케이 선교사와 그와 결혼한 퍼셋 그리고 페리 선교사가 차례로 선교지를 떠나거나 사임을 하게 된다. 호주선교부 제2진이었던 다섯 명 중 이제 멘지스만 남게 된 것이다. 멘지스와 얼마 전에 부임한 무어 선교사 그리고 페리의 후임으로 온 브라운 선교사, 이렇게 3명이 부산진 좌천동에 거주하며 활동을 이어가게 되었다.

후에 쓴 글이지만 에디스 커는 이들 다섯 명에 대하여 다음과 같이 말하고 있다.

> 이들 다섯 명은 기차와 자동차가 있기 전, 심한 고생을 하며 순회 전도를 다녔으며, 그들의 희생적인 생활을 통하여 증언하였으며, 그들의 신앙적인 가르침을 통하여 복음과 기독교인의 삶의 방법을 부산과 그 주변 사람들에게 전하였는바 어떤 칭송도 모자랄 정도이다(커와 앤더슨, 62).

당시 여선교사들을 안내하며 동역한 한국인 전도부인들을 여기에 언급하지 않을 수 없다. 1896년에 무어와 브라운과 함께 촬영한 사진에는 전도부인의 복장을 한, 세 명의 여성이 나온다. 그들의 이름은 백차명, 전유실, 송순남이며 무어나 브라운의 보고서나 일기에 그녀들의 이름이 여러 번 등장하고 있다. 이것은 호주 여선교사들이 당시에 한국인 전도부인들에게 얼마나 의지하고 있는지 잘 보여 주는 대목이다.

고아원 개설과 여학생 교육

멘지스에게 가장 중요한 일은 우선 한글을 배우는 일이었다. 그녀는 "30대 초반의 영어를 하는 심상현이라는 한국인에게 한국어를 배우기 시작하였다. 심상현은 유가에 깊이 빠진 사람이었으나 멘지스에게 한국어를 가르치고 그녀의 사역을 돕는 중에 신앙을 고백하였고 1894년 4월 22일에 두 여인 – 이도념과 김귀주와 함께 부산 지방 최초로 세례를 받았다"(김경석, 101).

멘지스의 전도와 기도의 열매로 부산 지방에 첫 세례자가 나오기 시작한 것이고, 호주선교회는 심상현에게 한옥을 구입해 주기도 하였다.

동시에 이들은 후에 호주 선교사들의 사역에 많은 도움을 주게 된다.

호주 여선교사들은 한국어를 공부하며 주변의 한국인들과 특히 여성과 어린이들과 관계를 이어 가며 전도하였는데, 하루는 그들의 집 앞에 버려져 있던 한 아이를 보았다. 그리고 그가 고아인 것을 알고 돌보아 주면서 고아원 사업을 시작하게 된다. 처음부터 계획한 사업은 아니었지만, 현지의 필요로 자연스럽게 시작된 복지 사역이었다.

이때가 1893년이었고, 고아원은 후에 '미우라고아원'으로 알려지게 된다. 미우라는 호주빅토리아교회 여선교연합회 회장이던 하퍼 부인 저택의 이름이었는데, 원주민어로 '안식처'란 뜻이었다.

멘지스는 페리와 함께 고아원을 주도적으로 운영하였고, 2년 후인 1895년에는 고아의 수가 13명으로 늘어났다. 수용인원이 많아지자 그들의 숙식 문제 해결뿐만 아니라 교육의 필요성이 제기되었고, 그해 말 3년 과정의 소학교 과정을 설립하고 개교를 하게 된다. 이 학교가 바로 일신여학교의 시작이었다. 이 학교는 한강 이남 최초의 여자학교였고, 호주선교부의 첫 교육기관이자 부산·경남 지방 최초의 근대 여성 교육기관이 된다. '일신'은 날로 새롭다는 뜻이다.

1895년 10월 시작된 일신여학교의 첫 교장이 멘지스였고, 무어도 교사로 협력하였다. 당시 이 학교의 교육 내용은 주로 성경과 기독교 신앙이었으며 한글, 한문, 산수, 체조 등을 가르쳤다. 한문 교사로는 심취명이 있었다. 당시의 한국문화에는 여성에게 교육한다는 것에 거부감이 있었고 또한 서양인이 서양 종교를 가르친다는 사실에 부모들이 냉담하여 어려움이 많았다. 멘지스는 결석하는 학생이 생기면 가정을 방문하여 부모를 만나고, 상담하기도 하면서 학교를 이끌어 갔다.

그 후 학생들의 수가 점점 늘어나 교세가 확장되어 1909년 4월 15일 좌천동 768번지에 단층 서양식 교사, 현재 부산광역시 지정건물 제55호를 신축하여 학교 형태를 갖추어 사립 부산진일신여학교로 본격적인 교육활동이 되었다(김경석, 108).

남선교사와의 갈등

여러 가지 악조건 속에 복지와 교육사업을 막 시작하고 있던 여선교사들에게 또 한 번의 시련이 닥쳐왔다. 이번에는 뜻밖에도 호주선교회 내부의 분쟁이었다. 매케이에 이어 아담슨이 한국 선교사로 임명을 받고 부산에 도착하였는데, 그와 멘지스를 비롯한 여선교사들과의 갈등이 시작된 것이다. 이 갈등이 얼마나 심각하였는지 부산진 호주선교부의 존폐까지 논의될 정도였다.

이 갈등에 관한 내용은 커와 앤더슨이 후에 쓴 『호주장로교 한국 선교역사 1889~1941』에는 언급되어 있지 않지만, 당시의 「더 크로니클」 선교지에는 보고되고 있다. 이 당시의 내용을 이상규는 다음과 같이 설명하고 있다.

여선교사들은 다섯 가지 점에서 아담슨의 과오와 실책, 혹은 인격적 불신을 토로하고 이점을 본국에 보고하였다. 즉, 아담슨은 첫째 진실성이 없고, 둘째 기만적이라 하였다. 이 두 가지 점에 대해서는 여선교사 전원이 문제를 제기하였다. 셋째는 여선교사들의 명예를 훼손했다. 이 점을 주장한 이는 멘지스, 무어, 브라운이었다. 넷째는 음주벽이 있고, 다섯째는 은행 잔고가 없음에도 불구하고 수표를 발행한다는 점이었다. 이것을 제기한 이는 무어 선교사였다(이상규, 56-57).

남선교사인 아담슨과 세 명의 여선교사들 사이에 신뢰가 무너졌음을 알 수 있으며, 성 대결의 양상을 보이고 있다. 멘지스와 여선교사들은 아담슨의 태도를 남성우월주의로 보고 있으며, 지도적 위치에서 자신들을 주관하려 한 것으로 인식하고 있었던 것이다.

1897년 초 멘지스는 안식년으로 호주 멜버른에 체류하고 있었는데, 한국에 있던 여선교사들, 즉 무어와 브라운이 아담슨과 함께 일을 할 수 없다며 사표를 내었다. 멘지스도 멜버른에서 사퇴 의사를 표명하였다. 그러나 여선교연합회는 그 사직서를 반려하였다. 그리고 또 다시 사임서가 제출되었고, 이 역시 반려되었다.

결국 호주빅토리아교회 해외선교부는 한국의 미국북장로교선교회에 의뢰하여 이 일에 대한 조사를 시행하도록 하였고, 위에 언급한 다섯 가지 비난에 대한 보고서를 내도록 하였다. 결론은 많은 내용이 불신과 편견과 오해에 기초하였음을 설명하고 있고, 그 다섯 가지 내용의 고소는 취소되었다고 보고되고 있다(앞의 책, 59-60).

이런 엄중한 상황에서 여선교연합회는 능력 있는 엥겔 목사를 한국에 파송하였고, 그에게 부산에서 활동하고 있는 여선교사들을 관장할 책임을 맡긴 것이다.

부산진교회

멘지스와 여선교사들이 부산진 좌천동에 자리를 잡고 고아원과 여학교를 시작하면서 주일에는 자연스럽게 그들의 집에서 예배를 드리고 있었다. 멘지스는 그때부터 교회의 사역도 주도하고 있었으며 담임 목회자의 역할을 하고 있었다. 「일신」이라는 잡지는 당시의 상황을 다음과 같이 쓰고 있다.

> 그때에는 아직 남선교사가 없었기 때문에 주일 아침 예배는 모두 멘지스 부인이 인도하는 것이 상례이었고, 어떤 때는 다른 선생을 시켜서 인도하도록 하는 때도 있었지만 그럴 때는 일일이 손수 준비해 주게 되므로 이튿날에는 두통으로 드러눕게 되는 일도 여러 번 있었다(「일신」, 1936, 3).

이후 엥겔 선교사가 부임하여 1900년 11월 4일 주일예배를 드리는데 남자 15명, 여자 48명, 총 63명이 아침 예배를 드렸다고 그의 일기에 기록하고 있다. 당시까지 목사가 없었던 부산진교회에 목사인 엥겔이 부임하므로 멘지스는 자연스럽게 교육과 복지 사역에 집중할 수 있게 되지만, 그녀는 엥겔의 통역사가 되어 계속하여 교회 일에도 협력하게 된다.

『조선예수교장로회 사기』는 부산진교회의 성립에 관하여 다음과 같이 기록하고 있다.

> 부산진교회가 성립하다. 선시에 여교원 영국인 멘지스 양이 당지에 래주하야 각양의 시험과 핍박을 모하고 전도한 결과 신자가 계기하얏고,

선교사 왕길지가 내주하야 교회를 설립하니라(『조선예수교장로회
사기』, 상, 1901, 88).

이 기록을 기준으로 부산진교회가 1901년 설립된 것으로 알려졌
지만, 부산진교회는 다른 문서들을 근거로 멘지스가 입국한 1891년을
창립 연도로 지정하고 있다. 『부산진교회 백년사』를 보면 1916년 11
월 8일의 「기독신보」 기사를 소개하고 있는바, 기사의 제목이 "부산진
교회 기념식 상황"이다.

십월이십오일 오후 3시에 부산진 례배당에서 부산진 교우의 주최로서
영국선교사 민지스 씨 조선 선교 이십오주년 기념축하 회례식을 거행
한뒤… 당신의 설립하신 부산진교회를 위하야 금실까흔 그 머리가 빅
발이 성성토록 힘쓰고 애쓰신 그 경력을 랑독정에 만정이 갈최흐며…
(「기독신보」, 1916년 11월 8일).

이 기사에는 멘지스가 부산진교회를 설립한 것으로 기록하고 있으
나 『부산진교회 백년사』는 다음과 같이 적고 있다.

부산진교회는 서양 선교사들이 부산에 들어오기 이전에 이미 복음을 접
하고 믿음을 갖게 된 한국인들에 의해서 1891년에 세워졌을 것이며, 이
신앙공동체가 그 해 들어 온 멘지스를 비롯한 호주 여선교사들에 의해
본격적인 교회로 발전해 나갔을 것이다(『부산진교회 백년사』, 74).

이 글은 부산진교회 설립자나 일시에 관심을 두기보다 부산진교회의 설립과 초기 목회에 있어서 멘지스의 공헌을 살펴보는 것인데, 여기에는 안팎으로 이의가 없다.

엥겔이 남긴 일기 중에 교인들 사이에서 당시 멘지스의 영향력을 알 수 있는 대목이 있다. 엥겔이 초읍에서 온 여성을 상대로 한 세례문답의 일부이다.

> "누가 교회의 머리입니까?"
> "예수 그리스도입니다."
> "다른 왕이 있습니까?"
> "아니오."
> "그러면 한국의 왕은 어떻게 됩니까?"
> "그는 교회와는 상관이 없습니다."
> "그러면 당신은 누구의 뜻에 의하여 행해야 합니까?"
> "멘지 부인의 뜻에 따라야 합니다."
> 우리의 웃음이 터졌는데도 그녀는 별로 놀라지 않았다.
> 그녀는 잠시 후 올바른 대답을 하였다(엥겔의 일기, 1901년 2월 7일 목요일).

멘지스는 또한 울산 병영 지역 교회가 설립되는 데에도 공헌하였다. 멘지스와 무어가 울산 지역을 순회 전도하는 동안 신자가 된 이희대는 가족과 이웃들과 함께 울산에서 예배를 드리게 되는데 바로 그 지역의 첫 교회인 병영교회이다. 그러나 초량에 있던 아담슨이 그 지역은 본인 관할이라며 병영교회 책임자로 자처하였고, 성도들에게 세례를 받으라고 권고하고 있었다.

병영교회 성도들은 멘지스를 찾아와 자신들은 여선교사들과 관계를 이어가기를 원한다고 말하였다. 당시 그들은 아담슨과 여선교사 중 한쪽을 선택해야 하는 상황이었다.

또한 현재 수안교회인 동래읍교회도 초대 목사가 엥겔이었지만 멘지스에 관하여 다음과 같은 기록을 남기고 있다.

> 그러던 동래지역에 대한 선교는 호주의 여선교사 멘지스에 의해서 이루어졌다. 그가 두루 다니며 선교하여 몇몇 여성 신자들을 얻게 되고 이 지역에 예배 처소를 마련하게 되었던 것이다. 따라서 수안교회는 이 여성들이 시작한 교회라고 할 수 있다(『수안교회 100년의 역사』, 2005, 78).

이 당시 또 한 가지 주목할 만한 일은 멘지스를 비롯한 여선교사들을 도우며 순회 전도를 다녔던 한국인 전도부인들이다. 빅토리아여선교연합회에 의하여 1902년 처음으로 임명된 전유실을 비롯하여 그다음 해 1903년 정백명, 김단청, 이수은 등이 임명되었다. 한국의 지리와 풍습을 모르는 호주 여선교사들은 순회 전도를 다닐 때 전도부인과 꼭 동행하였으며, 이들의 도움은 없어서는 안 될 큰 힘이었다(「더 크로니클」, 1908년 12월 1일, 12).

선교활동의 확장과 발전

1906년 11월 호주 멜버른에 기독교 선교 잡지가 창간되었다. '빅토리아장로교 여선교연합회'의 「더 크로니클」이란 제목의 월간지는 그 후 오랫동안 한국에서 활동하는 호주 선교사들의 소식을 전하는 역사적인 기록물이 된다. 당시 여선교연합회 회장 하퍼는 연합회만의 소식지를 오래 기다렸다고 하며, 특히 각 지부의 소식과 선교사들의 소식을 빅토리아 지방에 있는 회원들에게 신속하게 전할 수 있게 되었다고 자축하고 있다(「더 크로니클」, 1906년 11월, 1).

그 창간호에 멘지스에 대한 짧은 기사가 다음과 같이 언급되고 있다.

> 미스 멘지스는 보조교사 서매물과 함께 고아원과 유치원의 책임을 맡았다. 그리고 여성 반은 장금이가 보조하였다(앞의 책, 2).

호주선교부의 초기 사업 중 하나가 부산에 고아원과 여학교를 운영하는 일이었다. 당시 한국인들의 편견으로 인하여 여학생들이 많이 등록하지 않았으나 1907년 초에는 75명의 소녀가 여학교 주간반에 공부하고 있었다. 그리고 시간이 지남에 따라 학생 수가 더 증가할 것으로 여겨 100명을 수용할 수 있는 학교를 건축하기로 결정하였다. 그리고 무어 선교사를 포함하여 호주에서 모금하기 시작하였는데 1907년 2월에 총 151파운드 6실링 8펜스가 모였다.

한편 엥겔 선교사의 1906년 연례 보고에는 그 숫자가 조금 다르게 나오고 있다. 5년 전에 여학교가 시작될 때 5명의 여학생과 9명의 고아로 시작되었는데, 현재는 85명이 참석하고 있다고 하였다. 그리고 멘지스는 그 여학생 모두를 수용하기 위하여 더 큰 공간이 요청된다고 쓰고 있다. 당시 부산에 있던 호주 선교사들은 여학교에 큰 관심을 가지고 함께 협력하고 있는 모습이었다(「더 크로니클」, 1907년 2월 1일, 8).

또한 미우라고아원에 있던 고아 한 명 한 명을 호주의 개인이나 단체 후원자와 연결하여 재정적 지원도 하고 관심을 두도록 하였고, 그들의 성장에 관해 보고하였다. 때로 배를 빌려 그들과 동행하여 부산의 다른 항에 소풍을 가기도 하였다. 또한 당시 소녀들을 위한 야학도 운영하고 있었는데 60명 정도가 참석하고 있었다. 그러나 이 여학생들은 정기적으로 출석하지 못하고 있었는바 부모들이 여러 가지 이유로 허락하지 않거나 서양 이론에 물들어 결혼에 지장이 있을까 봐 염려하였다고 한다. 야학에서 맡은 강의도 멘지스의 많은 일 중 하나였다.

멘지스는 당시 부산에 있던 많은 미신과 그 미신을 믿는 사람들과의 영적 싸움에 큰 관심을 가졌다. 그녀의 1907년 초 편지에는 미신으로 인하여 고통받는 한 가정에 관하여 쓰고 있고 또 여학교 학생 중 몇 명의 이름을 일일이 거명하며 그들의 근황을 소개하고 있다.

당시 호주선교부 학교에서 지원을 받은 여학생과 후원자의 명단은 다음과 같다; 장금이(라이리 가 교회 성경공부반), 홍기(투락의 친구들), 종기(말번주일학교), 서매물(에센돈주일학교), 복순이(도르카스 가 교회), 봉금이(호쏜의 밴드 양과 박스힐주일학교), 순남이(호프 양, 다리웰), 정순개(플레밍톤 밴드 양과 피콜라), 덕순이(배정되지 않음), 달순이(현장의 친구들), 덕보기(현장의 친구들)(「더 크로니클」, 1907년 5월 1일, 7).

당시 부산진교회에는 서울 이남에서 처음 장로로 안수받은 남성이 있었다. 심상현의 동생 심취명은 1904년 장로 안수를 받았고, 5년 후에 이 지방 최초의 목사가 된 것이다. 멘지스는 심취명과 함께 학습과 세례자들 공부를 시켰고, 엥겔 목사가 최종적으로 심사를 하여 세례를 주었다. 최종 심사에는 후보자가 암기해야 할 것이 있었는데, 사도신경, 주기도문 그리고 십계명이었다.

심취명은 당시 빅토리아장로교 총회 해외선교부 이름으로 활동하고 있었는데, 연 18파운드 18실링을 받고 있었고, 그것에 더하여 여행 경비로 5파운드를 받고 있었다. 참고로 니븐이나 멘지스 등 여선교사의 봉급은 연 100파운드였다(「더 크로니클」, 1909년 5월 1일, 17).

심취명은 1907년 12월 17일 호주의 여선교연합회에 다음과 같은 편지를 쓰고 있다.

> 여러분들이 엥겔 선교사를 통해 보내 주신 귀중한 시계와 단도를 잘 받았습니다. 이것들은 나에게 매우 유용합니다. 이제 나는 시간을 정확하게 알고 움직일 수 있게 되었습니다. 나는 절대로 여러분들을 잊지 못할 것입니다. … 나에게 시계를 선물로 준 여인과 단도와 줄을 보내 준 어린 이선교회에 저를 대신하여 감사의 말씀을 전해 주시기 바랍니다. … 멘지스 양이 몸이 아파 우리를 떠나게 되어 안타깝게 생각합니다. 그러나 하나님의 섭리에 순종합니다. 우리는 희망하고 기도하기를 그녀가 빨리 회복되어 우리에게 돌아오기를 바랍니다(「더 크로니클」, 1908년 4월 1일, 6).

이 편지에서 보듯이 멘지스는 계속하여 몸이 안 좋았다. 호주의 여선교연합회와 해외선교위원회는 멘지스의 상태를 염려하며, 그들의 기도와 진정한 동정심을 전달하기를 만장일치로 결정하고 있다. 그리고 결국 멘지스는 호주로 돌아가게 되었다.

「더 크로니클」 선교지는 멘지스가 거의 17년을 사역하면서 그간의 스트레스와 업무의 과중함으로 건강이 무너졌다고 전하면서 1908년 1월 한국을 떠나 호주로 돌아왔으며 1년 정도 진료와 쉼을 가진다고 전하였다. 그리고 다시 회복되어 그녀가 사랑하는 사람들에게 돌아갈 수 있기를 희망한다고 하였다(「더 크로니클」, 1908년 5월 1일, 7).

멘지스가 호주로 떠나자 여학교 건물 건축은 엥겔이 계속 진행하였다. 당시 벽돌을 부산의 일본 거주지에서 가지고 왔다고 하며 일꾼들을 항시 감독하며 건축을 독려하였다. 또한 이 학교를 위하여 호주에 물품을 요청하고 있는바, 손으로 치는 종이나 밧줄로 당기는 큰 종, 용수철이 튼튼한 10개의 태양 차단막, 세계지도와 세계역사 차트 그리고 그림으로 설명하는 성경과 그리스도의 일생 이야기 등이었다(「더 크로니클」, 1908년 7월 1일, 7).

멘지스의 사표

1909년 초 멘지스가 선교사역에 사표를 내었다는 소식이 전해졌다.

> 빅토리아장로교 여선교연합회 선교사로 부산에서 17년을 사역한 멘지스가 사표를 내었음에 우리는 깊은 유감을 표한다. 지난 2월 멘지스는 악화된 건강으로 호주로 돌아왔고, 그후 지금까지 의사 진료를 받아 왔다. 지금은 다행히도 건강이 회복되었고, 근력도 돌아오고 있다. 그러나 그녀는 하나님의 뜻이라면 이제 호주에 머무르기를 원하고 있다(「더 크로니클」, 1909년 1월 1일, 1).

여선교연합회 정기위원회는 멘지스의 사표를 받아들였고, 다음과 같은 감사의 기록을 남기고 있다.

> 우리는 멘지스의 사표를 받아들이며 감사의 기록을 남기길 원한다. 멘지스는 여선교연합회의 젊은 여성 선교사로서 1891년 부산에 임명이 된

이래 그녀가 보여 준 헌신과 능력 있는 봉사에 깊은 감사를 표한다. 이제 자신의 어머니를 돌보는 중요한 일을 위하여 떠나는 그녀는 이곳에서 선교의 일을 계속하는 것이며, 이것은 우리의 사역을 더 전진시키는 것이다(앞의 책, 8).

여선교연합회는 한편 부산에서 멘지스의 돌봄을 받던 여성들과 그녀에게 의지하고 있던 동료들에게도 동정심을 표하였다. 한국에서 고참자 선교사였던 멘지스의 사임은 이해 여선교연합회의 가장 큰 슬픈 변화였다. 그리고 여선교연합회와 멘지스는 어떤 방법이든 계속하여 관계를 이어 가기를 원하였다.

부산의 여학교와 남학교는 그 후 니븐과 엥겔이 어어 가게 되는바, 새로운 변화를 하게 된다. 학교 교과 내용이 좀 더 개선된 내용으로 설계되어야 하는데, 규정에 맞게 교과과정을 작성하여 엥겔과 일본당국의 허락을 받아야 했던 것이다. 제시된 과정에 맞추면 매주 총 39시간을 교수해야 하였지만, 교사와 학생들에게 부담이 되므로 34시간으로 제한하였다고 한다. 교수 내용으로는 성경, 기초 윤리, 산수, 지리, 역사, 그림, 음악, 자연사, 체육, 한국어와 한문 등이었다(「더 크로니클」, 1909년 5월 1일, 5).

니븐은 몇 명의 여학생이 곧 학교를 떠날 것이라고 서운해하고 있으나, 그 여학생들은 곧 결혼할 것이었다. 그리고 그들 대부분이 기독교인이므로 새 가정을 이루어 좋은 영향을 미칠 것으로 기대하고 있다.

믿지 않는 가정에서 온 한 여학생이 성탄절에 상을 받았다. 하루는 이 학생의 어머니가 자기 딸이 웃옷이 필요하다고 말하였다. 그때 이 여학생이 말하였다. "엄마, 내 옷은 필요 없어요. 엄마가 예수를 믿는다면 나는 새 옷을 갖는 것보다 더 기뻐요." 이런 학생은 주님의 왕관을 위한 멘지스와 장금이의 보석일 것이다(앞의 책, 5).

한편 멜버른의 여선교연합회는 부산의 고아원과 다른 학교들을 위하여 정기적으로 모금 활동을 하고 있었다. 1909년 중반에는 투락에 있던 하퍼 여사의 집 뜰에서 바자회 준비 모임이 열렸고, 13개의 지부가 대표하여 참석하였다. 지부마다 음식, 케이크, 꽃, 생산품, 어린이 놀이, 카드, 과일, 성탄 나무, 동물 전시 등 한두 가지의 물품을 맡아 매대를 운영하기로 하였다. 또한 미우라고아원에 있던 여학생들도 놋그릇을 멜버른으로 보내어 바자회에 출품하기로 하였다. 이 바자회는 같은 해 11월 성황리에 열렸고, 1,100파운드 이상을 모금하였다.

12월 7일에 열렸던 여선교연합회 위원회에서는 이번 바자회에 대하여 보고하였고, 특별한 결정을 하였다. 부산의 고아원을 '미우라고아원'이라 명명하기로 하고, 일신여학교는 '하퍼' 이름을 붙여 사용하도록 한 것이다. 이 안은 만장일치로 통과하여 박수를 받았는데, 이번 바자회를 포함한 하퍼 여사의 그동안의 심오한 공로를 인정하는 자리였다(「더 크로니클」, 1910년 1월 1일, 8).

장금이와 서매물의 그리움

멘지스는 호주에 있으면서도 한국을 잊지 못하고, 계속하여 다양한 방법으로 한국 선교를 홍보하며 지원하고 있었다. 1909년 말의 「더 크로니클」은 멘지스의 한국 선교 보고서에 관하여 언급하고 있다.

멘지스는 설명하기를 고아원은 우연히 시작되었다고 하고 있다. 1893년은 가뭄과 기근의 해였는데, 여선교사들은 그들에게 보내지거나 길거리에 버려진 아이들을 거두지 않을 수 없었다고 하였다. 그리고 이들의 행동은 한국인들에게 깊은 인상을 주었으며, 기독교 사랑이 무엇인지 그들이 처음으로 알게 되었다고 하였다.

또한 고아원 사역은 여학교를 시작하는 길을 내어주었다. 그러나 한국인들은 자기들의 딸이 왜 교육을 받아야 하는지 몰랐고, 학교에 보내지도 않았다. 그러나 아이들은 고아들이 교육을 받는 모습을 보고 자신들도 배우기를 희망하였다. 이것이 지금 성장하는 여학교의 시작이었다. 하나님은 우리가 이해할 수 없는 방법으로 역사하신다(「더 크로니클」, 1909년 11월 1일, 1-2).

멘지스는 이해 10월 11일 열린 연합기도 모임에서 미우라고아원의 학생들을 소개하고 있다. 장금이는 한쪽 다리를 절며 길거리에서 구걸하다 발견되었고, 서매물은 어머니에게 버림받은 아이였다. 지금 이들은 둘 다 일신여학교의 선생이 되었다. 한번은 멘지스가 아파서 의사의 처방대로 6주를 휴식하고 있을 때, 이 둘이 학교를 책임 맡았고 그 일을 훌륭히 감당하였다고 한다. 장금이는 멘지스에게 말하기를 자신이 하나의 규칙을 만들었는데, 큰 학생들이 작은 학생 한 명씩을 맡아 돌보아 준다는 것이었다. 멘지스가 다시 학교로 돌아와 보니 이 방법이 효과적으로 운영되고 있었다고 한다.

그뿐만 아니라 서매물은 일주일에 두 번씩 사지가 마비된 한 노인을 방문하여 그녀의 몸을 씻기고 머리를 빗겨 주었는데, 마지막에는 성경을 읽어 주었다. 이 할머니가 돌아가실 때 이렇게 말하였다고 한다. "내가 죽어 하늘나라에 가면 먼저 하나님과 예수님을 만나고 그리고 부인들과 매물이를 지켜보며 올 때까지 기다릴 것입니다"(앞의 책, 4).

그런가 하면 미우라고아원 출신 순복이는 진주선교부의 여학교 교사가 되어 그곳에서 꼭 필요한 일꾼으로 성장하였다. 고아원의 아이들은 멘지스가 들려주는 이야기를 즐겨 들었다고 한다. 당시의 고아원 집이 너무 오래되어 한옥식의 새집을 건축하려고 모금하고 있었으며, 타일 지붕을 얹어 태풍에도 날려가지 않도록 준비하고 있었다. 멘지스가 없는 고아원은 당시 무어가 책임 맡고 있었고, 여학교는 니븐이 운영하고 있었다.

니븐과 함께 가르치고 있는 21살의 서매물은 호주의 여선교연합회에 1910년 말 편지를 보내고 있다. 그녀는 호주교회의 후원자들에게 감사하며, 하나님이 은혜와 축복으로 갚아 주시기를 기도한다고 하였다. 그리고 그녀는 일신여학교에 관하여 보고하고 있었는데, 당시 80명의 학생과 4명의 교사가 있다고 하였다. 그리고 고아원에는 11명이 있다고 하였다.

그러나 서매물의 편지는 사실 멘지스의 안부를 묻는 서신이었다. 자신이 보낸 편지를 읽었다면 어떻게 지내는지 답장을 고대하고 있다고 하였고, 이 세상에서 못 만난다면 나중에 천국에서라도 꼭 만나기를 바란다고 하였다. 매물이가 멘지스를 얼마나 그리워하고 있는지 알 수 있는 대목이다(「더 크로니클」, 1910년 11월 11일, 3-4).

1911년 9월에 와서야 멘지스에 관한 소식이 다시 전해지고 있다. 한국선교를 그만둔 이유였던 멘지스의 어머니가 사망한 것이다. 멘지스는 그동안 자신의 어머니를 돌보아 왔는데, 어머니가 '죽음의 천사'의 방문을 받았다고 하였다. 그리고 그 날갯짓 소리는 두려움의 소리가 아

니라 승리의 나팔이었다고 기록하고 있다(「더 크로니클」, 1911년 9월
1일, 2).

그리고 그다음 달 정기위원회에서 여선교연합회는 다음과 같은 결
정을 한다. "멘지스 양이 우리의 선교사로 다시 한국으로 돌아가는 것
을 만장일치로 동의한다(앞의 책, 10월 2일, 4). 한국 부산에서도 원하
고, 호주 여선교연합회에서도 동의하는 멘지스의 복귀가 초읽기에 들
어간 것이다.

다시 한국으로

멘지스는 그다음 해인 1912년 4월 17일 다시 한국 부산으로 돌아
왔다. 그녀가 떠난 지 4년 만이었다. 부산진의 성도들은 눈물을 흘리
며 반가워하였고, 아무도 '민 부인'을 대체할 수 없다고 하였다. 그리고
멘지스는 7월 8일 부산진에서 편지를 쓰고 있다. 멘지스는 이미 본인
이 초대 교장이었던 미우라고아원을 다시 책임 맡아 사역을 하고 있었
고, 다시 한번 그곳 학생들의 어머니가 되어 있었다.

또한 멘지스는 가가호호 다니며 전도도 하고 있었는데 그 결과는
실망스럽다고 쓰고 있다. 만나는 사람들은 대부분 상냥하게 대답은 하
고 있지만 실제로 교회에 나오는 경우는 드물었다. 그러나 멘지스는
개인적인 만남과 관계가 중요하다고 생각하였기에 이것을 포기하지
않았고, 7, 8월 한여름의 불볕더위도 막지 못하였다(「더 크로니클」,
1912년 9월 2일, 4).

당시 하퍼일신여학교에는 니븐과 맥피가 교사로 있었고, 알렉산더
도 거들고 있었다. 멘지스도 여학교에서 다시 가르치면서 이들의 삶에

들어가 선한 영향을 미칠 수 있도록 기도하여 달라고 호주 후원자들에게 요청하고 있다.

1912년 10월 「더 크로니클」에는 맥켄지 부인이 청년선교회에 편지를 보내고 있다. 이 편지 서두가 멘지스의 이야기로 시작되고 있는데, 부산에서 4마일 정도 떨어진 초읍이라는 마을의 이야기다. 멘지스는 그녀의 성경부인과 함께 매주 이 마을을 방문하며 여성들을 가르쳤는데 그중 몇 명이 예수를 믿기 시작하였다. 그중에는 사지 마비의 한 노인도 있었다. 그 여성들은 수요일마다 모여 멘지스와 성경공부를 하였고, 주일에는 부산진교회 예배에 참석하였다.

그러던 중 그 마을의 남성들 몇이 믿기 시작하여 신자의 수가 늘어나게 되자 매주 부산에 오는 대신 그 마을에서 주일예배를 드리자는 의견이 모였다. 그리고 한 신자의 집에 있던 방 2개를 개조하여 예배소로 사용하기로 하였다. 그 신자가 바로 사지 마비의 할머니였다. 본인은 작은 방 하나만 사용하고 나머지 공간을 내어준 것이다.

그리고 지난주에 바로 그 공사를 마치고 예배드릴 준비가 되었다고 하였다. 그리고 여선교사들과 몇몇 부산진교회 교인들이 아침 일찍 초읍으로 향하였다. 산을 넘어 도착한 그 집은 다른 한국인 초가집과 같았지만, 예배소 방은 깨끗이 도배되어 있었다. 그곳에서 그들은 오전과 오후에 예배를 드렸는데, 13명의 여성 신도와 6명의 남성 신도가 참석하였다. 초읍에는 당시 4백 명 정도가 살던 작은 마을이었다(「더 크로니클」, 1912년 10월 1일, 8).

이날 초읍에서의 교회창립 예배에 설교는 맥켄지 목사가 하였고, 멘지스의 이름은 등장하지 않고 있지만, 본인이 전도하여 예배공동체를 이루는 데 주도적인 역할을 하였음은 틀림이 없다.

1912년 말에 멘지스는 미우라고아원에 관하여 보고서를 보내고 있다. 당시 18명이 고아원에서 생활하고 있었는데, 그중 장금이와 서매물을 포함한 9명 고아를 빅토리아교회가 후원하고 있었다. 나머지 6명은 여학교의 학생들로 기숙사처럼 그곳에 기거하고 있었고, 2명의 한국인 교사, 1명이 학교 사감이었다.

멘지스는 각 학생에게 일을 할당하여 집을 깨끗이 유지하게 하였고, 점수 제도를 통하여 연말에 수상하기도 하였다. 학생들은 낮에는 수업을 들었고, 저녁에는 요리와 설거지 등 집안일을 배웠다. 그리고 금요일 오후에 수업을 마치면 묵은 빨래를 가지고 강가에 내려가 빨래를 하였다. 그리고 집에서 그 빨래를 삶았고, 토요일 아침에 널어 말리어 다림질까지 하였다. 심 목사의 딸 순이도 이 집에서 함께 살며 복영이와 좋은 친구였다고 멘지스는 말하고 있다(「더 크로니클」, 1912년 12월 1일, 4-5).

그다음 해인 1913년 초에 부산진일신여학교의 첫 졸업생들이 나왔다. 이들은 호주 여선교연합회에 감사의 편지와 함께 그들의 사진을 보내고 있다. 그들은 말하기를 사진이 잘 안 나왔지만 용서하고 보아달라고 하면서 자신들의 이름을 적었다. 문순검, 양귀추(양한나), 방순달, 박덕술이 그들이다. 이들은 하나님과 여선교연합회에 감사를 표하며 계속 기도해 주기를 요청하고 있다(「더 크로니클」, 1913년 7월 1일, 12).

멘지스의 보고에 의하면 서매물은 교사가 되기 위하여 중학교 과정을 마치고 수료증을 받았고, 계속 공부하기 위하여 평양에 갔다고 말하고 있다. 멘지스는 그녀를 그리워하고 있지만, 그녀가 어서 마지막 시험을 통과하여 돌아오기를 기대하고 있었다. 장금이는 안타깝게도 이번 3월에 공부를 마치지 못하였고, 일본 교육부에서는 그녀가 1년 더 공부하여야 수료증을 받을 수 있다고 하였다고 한다.

그 외에 여학교 학생 모두는 한 학년씩 올라갔으며, 복세기는 상으로 새 성경을 받고 좋아하였다고 하고 있다. 심 목사의 딸 순이와 두래는 매우 아파 멘지스 교장이 일본인 의사를 불러 진료하였지만, 호주 선교회 의사의 필요성을 절감하고 있다. 덕은이는 기숙사에 몇 년 있었는데 이번에 졸업하고 마산포학교 교사로 가게 되었다고 보고하고 있다(「더 크로니클」, 1913년 8월 1일, 5-6).

그런가 하면 마산포에 부모에 의하여 팔린 봉해라는 소녀가 있는데, 맥피 선교사가 그 소녀를 구하여 부산으로 보내 미우라고아원의 새 식구가 되었다. 멘지스는 이 학생을 위하여 특별히 기도해 달라고 요청하고 있다.

에베네저교회의 후원

1913년 말, 호주 빅토리아 발라렛의 에베네저교회에서는 발라렛 지부 여선교연합회 행사가 있었다. 에베네저교회와 관계된 한국 선교사만도 멘지스를 포함하여 엥겔 부인, 왓슨 선교사가 있기에 이들은 한국 선교에 대한 특별한 애정을 품고 있었다. 이 행사에서 회원들은 한국으로 보낼 미션 박스를 만드는 일을 하였는데, 박스 안에는 부산에서 필요한 많은 물품으로 채워졌다. 옥양목, 침대보, 배게 보, 병상보, 붕산, 바셀린, 유칼립투스 오일, 각종 비누, 골무, 주삿바늘, 솜, 여러 색조의 구슬, 모직 끈 등이었다(「더 크로니클」, 1913년 11월 1일, 11).

한편 멘지스는 이미 이전부터 미우라고아원이라는 이름을 이제는 쓰지 않고 있었다. 대신에 미우라학원이라고 쓰고 있었다. 미우라학원의 봉남이가 결혼하게 되었다. 봉남이는 빅토리아의 호프 양이 그동안 후원을 하고 있었는데, 초읍에 사는 김채수라는 기독교인 농부와 결혼을 하게 된 것이다. 결혼식 날 교회 안의 여성 칸이 꽉 찼고 사람들로 붐볐지만, 봉남이는 차분하였다고 한다. 결혼식 후 축하연에는 신랑 가족, 선교사들, 친구들 등으로 테이블이 나뉘어 식사를 즐겼다. 멘지스는 말하기를 한국인들의 기준으로 보면 봉남이는 행운이라고 하는데, 시어머니가 없기 때문이라 하였다!

멘지스는 딸을 시집보내는 마음으로 학원에 남아 있는 다른 소녀들의 이름도 일일이 언급하며 잘 있다고 하였다. 또한 마산포에서 온 봉해도 잘 적응하고 있다고 전하였다. 보고서의 마지막 부분은 이때가 일본 황제의 생일이었는데 여학교 교문 위에는 하퍼 여사가 선물로 보내 준 호주 연방 국기가 펄럭였다고 쓰고 있다(「더 크로니클」, 1914년 2월 2일, 2).

1914년 초부터 미우라학원에 작은 소동이 벌어졌다. 선교사관에서 잠을 자던 맥켄지 부부가 난데없는 아기 울음소리에 놀라 깨어났다. 누가 다섯 달도 채 안 된 아기를 선교사관 앞에 두고 도망갔다. 맥켄지 부인은 멘지스를 불렀고, 멘지스는 한걸음에 달려왔다. 아기의 몸에는 여러 상처가 있었지만, 잘 먹인 것 같은 상태였다. 멘지스와 교사들은 즉시 아기를 씻기고 우유를 주었다. 그리고 멘지스는 경찰을 불렀다.

일본 경찰은 그 지역 한국인 순사를 앞세워 미우라학원에 도착하였다. 경찰은 자초지종을 받아 적은 후 만약 부모를 찾지 못하면 이 아기를 어떻게 할 것인지 물었다. 멘지스는 즉각 대답하였다. "우리가 돌보아야지요. 거리로 다시 돌려보낼 수 없지 않습니까?" 경찰이 돌아간 후에 그곳의 한 학생이 어찌하여 경찰을 불렀는지 멘지스에게 물었다. 멘지스는 입을 열었다. 경찰이 오지 않으면 동네에 소문이 퍼져 다른 사람들도 이곳에 아기를 버릴 것이라고 하였다. 결국 부모를 찾지 못한 그 아기는 미우라학원에 남게 된다. 그리고 그 아기의 이름을 새해의 복이라 하여 신복이라 불렀다. 멘지스는 이 아이를 입양하였고, 장성하여 결혼할 때까지 돌보아 주었다(「더 크로니클」, 1914년 4월 1일, 7).

이해 2월에도 여성과 남성 성경반이 순차적으로 열렸다. 경남여자 성경학교 교사로는 멘지스, 엥겔 부인, 니븐, 맥켄지 부인 그리고 알렉산더였고, 남성반 교사로는 엥겔, 맥켄지 그리고 심 목사였다. 여성반에는 지방에서 온 부인들이 많았고, 이해는 특히 출석률도 좋았다. 여성반이 마치면 남성반이 시작되는데 이 반은 교회 일꾼들을 양성하는 훈련반이었고, 5년 기간의 과정으로 이해가 3년째였다.

1914년 말 「더 크로니클」은 새로 부임하는 여선교사 에버리와 스키너가 한국에 도착하였음을 알리고 있다. 이로써 빅토리아장로교 여선교연합회의 한국 선교사는 모두 11명이 되었으며, 5개 선교부 모두에 선교사들이 주재하게 되었다. 또한 여선교사들이 거주할 수 있는 숙소도 선교부마다 거창을 포함하여 모두 건축된 셈이었다.

또한 각 선교부가 있는 5개 지역, 즉 부산진, 진주, 마산포, 통영 그리고 거창에 여선교연합회 소속 여학교가 모두 세워졌고, 자체 건물을 가진 곳은 3곳이며, 남은 두 곳에도 건물을 건축하기 위하여 비용을 송금하고 있었다. 다만 정부가 제시하는 교육 내용에 맞는 교사를 확보하는 것이 당시 선교부로서는 제일 큰 문제였다.

부산진은 여선교사들이 가장 먼저 거주하며 자리를 잡은 곳으로, 새 선교사들이 부산항에 입항할 때마다 이곳을 먼저 찾게 되었다. 새로 온 여선교사들은 말로만 전해 듣던 미우라학원과 일신여학교를 둘러보고 또 멘지스와 다른 선교사들의 환영을 받게 된다. 멘지스는 남녀 선교사들의 최고참으로 그들을 어머니처럼 따뜻하게 맞아 주고, 유용한 정보를 공유해 주었다.

순회 전도

멘지스는 심취명 목사 부인과 1915년 1월에 순회 전도를 나갔는데 다음이 그녀의 글 일부분이다.

나와 심 목사 아내는 한 작은 마을을 방문하기 시작하였다. 첫 번째 집은 젊은 청년이 있던 곳이었다. 이 청년은 교회를 나왔다 안 나왔다 하고 있었는데, 가족과의 관계 때문에 분명히 결단하지 못하고 있었다. 그에게는 할머니가 있었고 80세가 넘은 신실한 불교도였다. 그녀에게는 손녀도 있었는데 손녀가 교회 나오는 것을 그 할머니가 막고 있었다. 그 할머니는 절에 많은 시간을 쏟고 있었고 시주도 적지 않게 하고 있었다. 그녀는 돈을 내지 않고도 구원받는 길이 있는데 그것을 거부하고 있다니 안타깝다. 두 번째 집을 방문하였다. 그 집의 남편은 미국에 유학하러 가서 법을 공부하고 있다고 하였다. 남편은 그곳에서 기독교인이 되어 아내에게 교회에 다니라고 하고 있지만 거절하고 있었다. 그러면서 그녀는 본인의 어머니는 죽기 전에 기독교인이 되었다고 말하였다. 나는 말하기를 만약 당신이 당신 어머니를 또 만나기 원한다면 신자가 되어야 한다고 하였다.
이날 오후의 마지막 집을 방문하였을 때 그 집에는 총명하게 생긴 여성이 있었다. 그녀는 교회에 관심이 있었지만, 남편이 반대한다고 하였다. 그때 마당에는 시어머니가 볏단에서 쌀을 털고 있었는데 교회를 다닌다고 하였다.

그러면서 언젠가 남편이 허락하면 교회에 나가 배우고 싶다고 하였다.
우리는 돌아오면서 이 세 가정에 하나님의 은혜가 함께하기만을 빌었다.
심 목사 아내는 놀라운 일꾼이다. 좀 더 시간을 내어 함께 하면 좋을 텐데 다섯 아이를 키우기 때문에 불가능하다(「더 크로니클」, 1915년 4월 1일, 4).

이해 2월 28일의 니븐 선교사 편지를 보면 멘지스는 알렉산더와 니븐과 함께 밀양에 연례 여성 성경공부반을 인도하러 갔었다. 그들의 성경공부반에는 보통 160명의 여성이 참석하였는데, 이번에는 웬일인지 그 반밖에 오지 않았다. 알고 보니 미국 선교사들 때문이었다. 미국 선교사들도 그곳에서 성경공부를 시작하였는데, 절반이 그곳으로 갔다는 것이다. 그런데도 성경공부반이 성공적으로 마쳤음을 알리고 있다(「더 크로니클」, 1915년 5월 1일, 6).

멘지스는 미우라학원을 운영하는 데 있어서 상주하며 학생을 돌보는 사감의 역할이 중요하다는 것을 알고 있었다. 지금까지 있던 사감은 할머니로 도움을 주고 있었지만 여러 가지로 만족스럽지는 못하였다. 새로 온 사감은 좀 더 젊은 여성으로 성격도 좋게 보여 기대된다고 멘지스는 말하고 있다. 당시 학원에는 총 17명이 살고 있었는데 부산에서뿐만 아니라 울산과 마산 등지에서도 와 있었다. 지난해 겨울에는 독감으로 인하여 학생들이 많은 고생을 하였지만, 현재는 나아졌다고 한다(「더 크로니클」, 1915년 10월 1일, 5). 맥켄지는 그들을 데리고 부산 시내의 전철을 탔는데 학생들은 처음 경험하는 것이었고, 일본인 거주지까지 구경하러 다녀오기도 하였다.

1916년 3월의 「더 크로니클」은 부산진의 전도부인, 나환자 요양원의 전도부인 그리고 일신여학교에서 일하는 한국인들 이름을 일일이 기록하고 있다. 전도부인으로는 여선교연합회에서 지원을 받는 박유은, 오금이, 양주암이 있었고, 반은 여선교연합회에서 나머지 반은 한국교회에서 지원을 받는 강보은 그리고 성서공의회에서 지원을 받는 허보은이 있었다. 또한 일신여학교 교사로는 장금이, 김기모, 엄성실, 송상원 등이 있었다. 나환자 공동체의 전도부인은 빅토리아의 한 여성이 지원하였는데 이름이 이분이이었다(「더 크로니클」, 1916년 3월 1일, 14).

또한 이 학교 출신의 학생 한 명이 교사로 일을 시작하고 있었는데 서매물이었다. 그녀는 4월 20일 멜버른의 에센돈 주일학교 학생들에게 편지를 보내고 있다. 에센돈주일학교와 여선교연합회는 지난 20년 동안 매물이를 지원하여 왔으며, 이제 그녀는 평양에서 3년간의 고등교육을 성공적으로 졸업하고 일신여학교에서 교수할 정식 자격을 얻게 된 것이다. 한번 만나지도 못한 자신을 그동안 지원하여 준 후원자들에게 그녀는 깊이 감사하고 있다. 멘지스도 물론 서매물을 크게 자랑스러워하고 있다(「더 크로니클」, 1916년 8월 1일, 3).

조선 선교 25주년

1916년은 여러 가지로 멘지스에게 의미 있는 해였다. 호주 발라렛에 있는 그녀의 모 교회인 에베네저교회 여선교연합회 지부는 창립 25주년을 맞이하였는데, 멘지스가 이 지부의 첫 총무이자 이 지부에서 배출한 첫 한국 선교사이었기 때문이다. 발라렛의 금광 붐은 당시 수그러들었고, 그로 인하여 인구도 줄고 있었지만 여선교연합회 지부는 선배들이 시작한 선교 지원 활동을 계속 이어가고 있었다. 그들은 그들의 교회 회원이었던 멘지스와 브라운을 자랑스럽게 여기고 있었고,

그들의 활동 소식에 항상 귀 기울여 왔다.

동시에 부산진에서도 멘지스의 '조선 선교 25주년 기념 축하 예배'가 10월 25일에 있었다. 멘지스의 보고서에는 그것에 관하여 아무런 언급이 없지만, 호킹 선교사의 편지에 그날의 모습이 담겨있다. 부산진교회는 이날의 행사를 세심하게 준비한 듯하다. 당일의 좋은 날씨를 위하여 기도하였고, 교회당에 꽃과 화분, 깃발로 엮은 줄 장식, 특별한 의자 등을 준비하였고, 이 모든 것이 교인들의 손에 의하여 준비되었다.

축하 예배 시에 심취명 목사가 먼저 오늘 예배를 드리는 의의에 대하여 설명하였고, 찬송과 기도로 예배가 시작되었다. 다음으로 정덕생 목사는 멘지스가 처음 한국 땅에 도착할 때의 모습과 초기 사역을 소개하였는데, 이것은 멘지스의 한국어 교사였던 김 목사에 의하여 쓰인 것이다. 그 소개의 내용은 당시 교계 신문 「기독신보」가 자세히 보도하고 있다. 다음은 그 내용의 일부분이다.

> 열심 전도하는 중 고난풍파를 몇 번이나 겪어도 길이 참음과 조선 여성 교육이 급무로 알고 여학교를 설립함과 혈혈무의한 아이들을 거두어 금일까지 성심으로 수양하신 그 성격과 당신이 설립하신 부산진교회를 위하여 금실 같은 그 머리가 백발이 성성토록 힘쓰고 이끄신그 경력을 낭독함에 만장이 갈채하며…(「기독신보」, 1916년 11월 8일).

또한 교회는 멘지스에게 은메달과 금과 은으로 된 핀 그리고 한국의 귀부인들이 사용하는 은제 기념장을 선물하였다. 기념 메달 한 면에는 한국어가 새겨져 있었고, 다른 면에는 십자가 새겨져 있었다. 양면 가장자리에는 25개의 별이 있었는데, 멘지스의 25주년 봉사를 상징하는 디자인이었다. 그리고 일신여학교의 교사와 학생들이 노래를 불렀고, 노래 가사는 멘지스를 칭송하는 내용으로 심 목사가 쓴 것이라 하였다.

빅토리아여선교연합회도 멘지스를 축하하며 손목시계를 부산으로 보내었고, 맥켄지가 대신하여 멘지스에게 증정하였다.

엥겔 목사는 이번 행사에 대하여 교회에 감사하였고, 버려진 아기였던 신복이가 나와 남성 쪽과 여성 쪽을 향하여 각각 인사하고 요한복음 3장 16절을 암송하였다. 그리고 양손을 번쩍 들어 "우리 엄마 만세" 소리를 쳤다. 그리고 〈헤일, 스마일링 몬〉이란 노래가 경쾌하게 연주되었는데 서매물의 특별 요청이었다고 한다.

이윽고 기념예식이 모두 마쳐지고, 앞마당으로 모두 나와 기념사진을 촬영하였다. 그 후 준비된 다과를 나누며 여흥을 즐겼는데 외국인들을 위하여 보리차와 일본 케이크 그리고 과자 등이 있었다고 전하고 있다(「더 크로니클」, 1917년 1월 1일, 5). 그때 촬영한 기념사진은 그다음 달 「더 크로니클」 선교 잡지 한 페이지에 걸쳐 실리면서 역사적 자료로 지금까지 남고 있다.

언양에서

25년의 사역 후에도 멘지스의 일은 계속되었다. 멘지스와 마가렛 데이비스는 어느 날 양산과 언양 중간쯤의 길 위에 있었다. 그들은 일주일 전에 언양의 여성성경반 인도를 부탁받았기에 그곳으로 가는 길이었다. 가을 끝자락의 그 길은 참 아름답고도 고요하였고, 이따금 시냇물 흐르는 소리만 들렸다고 한다. 이 길은 멘지스에게 초행은 아니었다. 20년 전에 심 목사와 함께 대구에서 이 길을 따라 내려온 적이 있었다.

밤에 도착한 언양에서 그곳 여성 교인들은 이 두 외국인 여성을 따뜻이 맞아 주었다. 그리고 다음 날부터 멘지스는 9시 30분부터 3시 30분까지 6일간 언양교회를 꽉 채운 교인들의 성경공부를 인도하였다. 그리고 저녁에는 처음 믿는 신도들을 만나고 상담도 하고 찬송도 함께 불렀다.

멘지스는 그곳에서 그치지 않고 전도부인 2명과 함께 울산에도 갔다. 울산에서도 그녀는 따뜻한 환영을 받았으며, 58명의 여성이 성경반에 등록하였다. 그곳의 여성들은 멘지스를 '오랜 친구'로 여겼다. 그리고 감사하는 마음으로 계란, 감, 밤, 소고기 등 구할 수 있는 것은 모두 구하여 멘지스에게 공궤하였다. 멘지스는 어엿이 50세를 넘어 51세인 '구관 할머니'였던 것이다(「더 크로니클」, 1917년 2월 1일, 3).

성탄절이 되면 멘지스는 학생들에게 약간의 용돈을 선물로 주곤 하였다. 1916년 성탄에도 그녀는 똑같은 선물을 주었는데, 이번에는 세 가지 사용 용도를 제안하였다고 한다. 첫째는 그 돈으로 맛있는 것을 사 먹거나, 둘째는 쓰고 싶은 곳에 사용하거나 그리고 셋째는 교회당 건축을 위한 헌금으로 드리는 것이었다. 학생들은 이구동성으로 교회당 건축헌금으로 내겠다고 대답하였고, 그날 모두 헌금하였다고 한다(「더 크로니클」, 1917년 4월 2일, 4).

1917년 중반에 와서 멘지스는 네피어와 함께 호주로 휴가를 떠나게 된다. 빅토리아여선교연합회는 그녀들의 여행 경비를 보냈고, 그들은 8월 12일에 호주에 도착하였다. 여선교사들이 호주에 오면 먼저 병원에 가 건강을 검진하였는데 멘지스는 건강하였다. 그 후 그녀는 빅토리아에서 노회들을 방문하며 보고도 하고 모금도 하게 되는데, 먼저 본인의 모 교회가 있는 발라렛 노회의 지부들을 방문하게 된다.

또한 멘지스는 모트레이크 노회 소속 지부들과 선교 동아리들을 방문하면서 바쁜 시간을 빅토리아에서 보내고 있었다. 여선교연합회는 멘지스에게 휴식을 권고하고 있고, 부산진으로 돌아갈 준비를 해야 한다고 언급하고 있다. 멘지스가 미우라학원을 떠나 있을 당시 마가렛이 그곳을 책임 맡고 있었고, 보고서도 쓰고 있다.

멘지스는 여선교연합회에 부산진 여선교관 가구들을 교체할 건의를 하고 있다. 비용은 20-25파운드 정도이며, 특별 모금이 필요하다고 하였다. 멘지스는 호주에서의 휴가를 마치고 네피어 그리고 새로 임명된 매카그와 1918년 8월 말 한국으로 돌아오게 된다. 7월 17일에는 발라렛에서 가족과 교인들이 참석한 가운데 환송식이 있었고, 8월 16일에는 여선교연합회가 주관하는 큰 규모의 환송식이 열렸다. 이 모임에서 멘지스는 다음과 같이 말하였다.

호주에서 다시 안녕을 고하고 한국으로 가기는 쉽지 않지만, 새로 선교사로 떠나는 매카그를 환영한다고 하였다. 한국인들은 그들도 실패와 좌절을 겪지만, 그들은 사랑스럽고 사랑하는 사람들이고 새 선교사를 환영할 것이라고도 하였다. 그리고 휴가 기간 중 보여 준 친절과 사랑에 감사를 표하였다(「더 크로니클」, 1918년 9월 2일, 7). 여선교연합회는 멘지스가 미우라학원의 '감독관'으로 돌아간다고 하므로 다른 새내기 여선교사들과 차별을 두고 있었다.

1919년의 만세운동

1918년 미우라학원 보고서에 멘지스와 일행이 한국에 도착한 것을 알리고 있다. "몇 주 전에 '어머니' 멘지스가 다시 돌아와 가족은 매우 행복해하며 환영하였다. 사감 선생부터 작은 신복이까지 모두 멘지스의 귀국을 고대하였었다(「더 크로니클」, 1918년 12월 2일, 4). 멘지스는 다시 미우라학원을 책임 맡아 운영하게 되었다.

당시 부산에서는 독감이 유행하였는데 멘지스도 독감이 걸려 도착하자마자 고생을 하게 된다. 선교사들이 독감에 예민한 것은 독감이 자칫 폐렴으로 발전되어 치명적일 수 있기 때문인바, 실제 이것으로 사망한 선교사들이 있지 않았던가. 당시 부산에서 독감에 걸려 폐렴으로 진행되어 사망하는 사람들이 하루에 35명에 이르고 있었다.

멘지스는 미우라학원에 복귀하여 첫 보고서를 1919년 1월에 쓰고 있다. 그녀는 먼저 본인이 휴가를 보내던 기간 동안 학원을 훌륭히 운영한 마가렛에게 감사하고 있다. 학생 중 문복순과 박세윤은 통영선교부로 갔고, 그중 한 명은 진명학원 교사로 다른 한 명은 직원으로 일하고 있다고 하였다. 차명아는 진주병원에서 간호사로 훈련을 받고, 이제 곧 서울의 세브란스병원으로 이직을 한다고 하였다. 일신여학교 출신 여학생들이 이제 사회에서 각자의 일을 감당하는 것을 멘지스는 자랑스럽게 보고하고 있다. 또한 새로 온 식구 한 명도 소개하고 있는데 마산에서 어머니에게 팔려 나락으로 떨어진 여아를 라이얼 부인이 구출하여 부산까지 보내 후원하고 있다고 하였다(「더 크로니클」, 1919년 4월 1일, 5-6).

1919년 3월은 서울에서 3.1절이 있던 해이다. 부산에서도 독립운동의 분위기가 감돌고 있었으며, 일신여학교도 예외가 아니었다. 멘지스는 학생들에게 일본 경찰에 의심을 받지 않도록 조심하도록 독려하고 있었다. 그러다 3월 11일 저녁 8시 30분쯤 미우라학원의 여학생들이 사라진 것을 발견하였다. 아무도 그들이 어디로 간지 모르자 여선교사들은 그들을 찾으러 나섰다.

> 우리는 갑자기 "만세" 하는 함성을 들었다. 우리는 작은 골목에서 학생들을 찾다가 큰 거리로 뛰어나갔다. 그곳에 사람들이 만세를 부르며 행진하고 있었다. 우리는 먼저 남학생들을 보았고, 곧 우리의 여학생들도 그 행렬에서 만세를 부르고 있는 것을 발견하였다. 큰 무리는 아니었지만 작은 골목마다 사람들이 서서 구경하고 있었고, 그 행렬에 합류하는 것을 두려워하였다. 우리는 여학생들을 집으로 데려오려고 하였지만, 여학생들은 우리에게서 더 멀리 뛰어나갔다. 심 목사 아이는 집으로 보냈지만 다른 학생들은 완강하였다. 우리는 더는 할 것이 없어 조용히 집으로 돌아왔다(「더 크로니클」, 1919년 6월 2일, 3).

호킹과 데이비스는 그러나 곧 경찰서로 잡혀가게 된다. 그들이 큰 길가에 나와 있던 것을 일본 순사들이 보고 쫓아왔던 것이다. 처음에는 몇 마디 질문만 할 줄 알았지만, 결국 그들을 차에 태워 경찰서로 갔으며 그곳에서 2시간 방치되다 마침내 유치장에 수감되었다. 밤새도록 일본 형사가 들락거리며 그들을 감시하였다. 소식을 들은 멘지스는 여학교 사감과 요리사를 통하여 담요와 깔개를 유치장에 들여 주었는데 그때가 새벽 3시였다.

그다음 날 아침 검은 제복의 경찰은 일신여학교와 기숙사에 태극기가 있는지 취조를 시작하였다. 여선교사들은 모른다고 대답하였다. 그날 그들은 종일 유치장에 있었고, 결국 유치장에서 필요한 화장실용품과 음식 목록을 적어 멘지스에게 보내었다. 라이트 목사가 음식 등이 담긴 광주리를 가지고 왔고, 그때야 여선교사들은 식사를 제대로

할 수 있었다. 라이트는 이들의 구류 사실을 즉시 영국대사관에 보고하고 구명 운동을 시작하였다.

그다음 날 그들은 같은 경찰을 대면하였는데, 그는 질문하는 대신 일신여학교에 태극기가 있었고, 그것들을 멘지스가 불태웠다고 말하였다. 나중에 안 일이지만 여학생들이 학교에 태극기를 숨기고 있었던 것이다. 호킹과 데이비스가 잡혀가자 매카그와 장금이가 책장을 뒤져 태극기를 발견하였고, 멘지스는 학교에 어려움이 닥칠 것을 예견하고 즉시 태운 것이었다. 일본 경찰은 멘지스가 태극기를 태워 증거를 없앤 동기에 대하여 심하게 취조하였다.

이때부터 일신여학교는 일본 형사들에 의하여 점거되다시피 하였고, 무엇보다도 멘지스가 취조당하는 모습에 여선교사들과 학생들은 괴로워하였다. 그녀는 오랜 기간 여학생들을 위해 봉사한 사실과 희끗희끗한 머리 덕분에 풀려났다고 하였다.

그다음 날인 13일에서야 비로소 호킹과 데이비스도 오전 11시 30분에 풀려났다. 경찰서장은 그들에게 잘못이 없어 풀려나는 것이 아니라 폭력을 쓰지 않았고, 한국인이 아니기 때문이라 하였다. 그리고 서장은 경고도 잊지 않았다. 여선교사들은 기독교 순교자의 진실에 대하여 말하였지만, 서장은 귓등으로 들었다.

일신여학교의 기숙사 거주 학생 5명을 포함한 11명의 학생과 교사 2명이 감옥에 간힌 것을 그들은 풀려나서야 들었다. 그 학생들을 면회하는 것은 가족 포함하여 누구에게도 허락되지 않았기에 선교사들은 감옥 근처의 여관에서 음식을 준비하여 넣어 주는 것 외에 다른 방법을 쓸 수 없었다고 한다.

그리고 그것이 끝이 아니었다. 멘지스와 두 명의 여선교사들은 법원에까지 소환되어 교차 심문을 받게 된다. 그리고 경찰서에도 여러 번 가서 많은 질문에 대답하여야 했다. 당시의 일본 경찰 질문은 다음과 같았다.

"당신은 이곳에 오기 전 당신의 나라에서 범죄한 사실이 있습니까?"
"당신의 해로운 가르침으로 학생들이 감옥에 있는데 수치스럽지 않습니까?" 물론 멘지스는 전혀 수치스럽지 않다고 대답하였다(「더 크로니클」, 1919년 6월 2일, 3-4).

당시의 사실에 대하여 일본 경찰은 다르게 기록하고 있다.

부산진 소재 기독교 경영 일신여학교 한국인 여교사 임말이 외 생도 1명을 취조한 바 동교 교장인 여선교사 데비스 및 한국인 여교사 주경애가 주동이 되어 교원 일동에게 '각지에서 독립운동은 시작하고 있으니 우리 학교도 거사하자'고 협의하고 생도들에게 전달하여 3월 10일 동 교 고등과 생도 11명이 기숙사에서 한국 기 50개를 제작, 이를 동교 기숙사감 메체스에 넘겨준 것을 진술하였으므로 동인을 취조한 바 깃대 31본을 생도에게 제공한 사실을 자백, 나아가서 가택 수색을 한 결과 기숙사 옆 쌀겨가 있는 곳에서 한국기를 발견하였을 뿐만 아니라 한국기를 제작한 붓 등도 압수하였다.
그리고 데비스와 동교 여교사 혹킹은 의거 당일 "부르시오! 만세를 부르시오"라고 소리를 외치면서 생도를 지휘, 생도는 일제히 만세를 부르면서 행진한 사실을 목격한 사람이 있었다(김정명, 『조선독립운동1』, 원서점, 1967, 163).

그리고 경찰은 이 내용을 근거로 이들을 법정에 세웠으며, 법정에서의 싸움은 계속되었다. 당시 법정의 모습을 호킹 선교사는 자신의 5월 12일 편지에 비교적 소상히 보고하고 있다. 일신 여학생들과 여교사들이 포승줄로 묶이고 머리에는 자루를 쓴 채 법정에 나타났고, 만세운동에 가담하였다는 이유로 주경애와 박신연 교사는 각 18개월과 강제 노역을 선고받았고, 학생들은 5개월과 강제 노역을 선고받았다. 부산진일신여학교 출신 통영 진명학교 교사 문복순과 김순이도 6개월과 강제 노역을 선고받았다(「더 크로니클」, 1919년 7월 1일, 3-4).

멘지스는 같은 해 9월 보고서에 기쁜 소식을 전하고 있는데 여학생들이 출감하였다는 소식이었다. 출소된 학생들은 모두 창백해 보였는데, 운동 시간 없이 갇혀 있었기 때문이다. 또한 벌레 물린 자국도 많이 있었다. 우리는 감사 기도의 시간을 가졌다(「더 크로니클」, 1920년 1월 1일, 5).

마지막 사역

일신여학교는 당시 마가렛 데이비스가 교장으로 일을 하고 있었고, 멘지스는 감독관으로 미우라학원 전체를 돌보고 있었다. 1919년에는 165명이 주간반인 일신여학교에 등록하였고 1920년에는 200명 가까이 등록을 하였다고 데이비스는 보고하고 있다. 그러나 문제는 여학생들의 기숙사 공간과 교사 인력이 절대적으로 부족하였다. 저학년 100명의 교사는 단 한 명이었다고 한다(「더 크로니클」, 1920년 7월 1일, 3).

또한 여성성경학교도 운영되어야 하므로 여선교사들은 많은 짐을 지고 있었다. 1920년에는 20명이 공부를 하였고, 다음 해는 32명이 등록하였다. 교사로는 멘지스를 포함하여 맥피, 호킹, 데이비스, 스키너 그리고 한국인 전도부인들이었다.

1920년의 경남여성성경학교 위원회 위원장이었던 멘지스는 호주선교부에 보고서를 내고 있다. 이해에는 5년의 과정을 모두 마친 졸업생이 1명 있었는데, 70세의 여성이었고, 그녀에게 수료증을 수여하는 것은 즐거움이었다고 멘지스는 말하고 있다. 성경학교가 진행될 당시 부산진교회에는 김익두 목사의 부흥 집회가 열리고 있었다. 학생들은 그 집회에도 참석하였고, 더 큰 열정으로 성경반에서 공부하였다(더 레코드, 32).

이해에는 호주선교부의 한국인 직원 전원의 봉급 인상이 있었고, 호주 선교사들의 봉급도 물가와 환전 차이로 인상되어야 하였다. 또한 미우라학원도 같은 이유로 적자임을 멘지스는 보고하고 있다. 이 말은 호주에서 모금이 더 되어야 한다는 의미였고, 그만큼 빅토리아여선교연합회의 책임이 무거워진다는 현실이었다. 그렇다고 빅토리아장로교 해외선교부는 선교사의 수를 줄이는 방법은 고려하고 있지 않았고, 오히려 더 발전시키고자 적극적으로 논의하고 있었다.

1922년 한국 선교를 위한 빅토리아장로교회 여선교연합회의 예산은 3,457파운드였으며, 이것은 전해보다 663파운드 인상된 것으로 호주교회의 지치지 않는 한국 선교 의지를 엿볼 수 있다(「더 크로니클」, 1921년 10월 1일, 4).

1921년 말 부산에는 맥켄지 부부, 라이트 부부, 알렉산더, 위더스 그리고 멘지스가 있었으며, 멘지스는 미우라학원과 여성 야간반을 다시 책임 맡아 계속 일하고 있었다. 당시 다른 지역의 선교부와 비교할 때 부산진에는 하나 없던 것이 있었다. 바로 유치원이었다. 많은 부모가 유치원을 원하였지만 수용할 수 없어 안타까워하고 있었고, 여선교사들도 유치원 설립을 희망하였다.

그러나 그때 멘지스의 건강은 좋지 않았다. 신경쇠약으로 쓰러질 수도 있다는 보고가 있었고, 어쩌면 계속 한국에서 일하기 어려울 것이라는 동료들의 언급도 있었다. 멘지스는 일단 진주 베돈병원에 가 맥라렌의 치료를 받았으며, 다행히도 맥라렌은 그녀의 상태가 호전되었다고 말하고 있다(「더 크로니클」, 1922년 5월 1일, 2). 그러나 여선교회연합회는 이듬해 멘지스가 호주로 병가 차 휴가를 떠날 것을 결정하고 있고, 그 후 여선교연합회는 그녀에게 은퇴를 권유하게 된다.

떠나는 '우리 어머니'

1923년 7월 멘지스가 병가 차 호주로 떠난다지만 이것이 아마 마지막이라는 것을 교인들은 알고 있었다. 마가렛은 당시의 상황을 다음과 같이 쓰고 있다.

> 1919년 독립운동 때 멘지스가 어떤 일을 겪었는지 이들은 잘 알고 있다. 그녀의 육신적인 힘에 심한 손상이 있었고, 그 후 사람들은 그녀가 다시 이 땅에 돌아올 확률이 없다고 생각하였다(「더 크로니클」, 1923년 10월 1일, 4).

멘지스를 환송하는 예배가 부산진교회당에서 열렸다.

> 지난 수요일 매우 감동적이고 훌륭한 환송 예배가 교회에서 열렸다. 멘지스는 '우리 어머니 혹은 우리 교회의 어머니'로 우리를 위하여 기도해

주셨다. 33년 전 처음 한국에 오셨을 때부터 지금까지의 공적에 대한 아름다운 환송사도 있었다. 이것은 우리의 주님이 우리의 구원을 위하여 이 땅에 사셨던 기간과 같으며, 하나님의 사랑을 드러낸 주님의 삶과도 흡사하다(「더 크로니클」, 1923년 10월 1일, 4).

멘지스를 환송하기 위하여 부산항에 많은 교인 특히 여성들이 모였고, 그들의 눈에는 눈물이 흘렀다.

그리고 8월 말 멘지스는 네피어 그리고 왓슨 부인과 함께 호주에 입국하였다. 여선교연합회는 이들이 진찰과 휴식이 필요하다며, 이해 말까지 다른 일은 하지 않도록 배려하고 있다. 그런데도 멘지스는 그해 11월에 열린 노회 여선교회 모임에 발라렛 지부를 대표하여 참석하고 있다.

1924년 초 「더 크로니클」 선교지는 연합회가 멘지스의 사임을 권고하였고, 그녀가 받아들였다고 보고하고 있다. 멘지스는 한국으로 다시 돌아갈 의향이 있었지만, 결정을 여선교연합회에 맡겼고, 여선교연합회는 모든 상황을 고려하여 결정하게 된 것이다. 그러면서 그녀는 호주에서 후원하는 일을 계속하게 될 것이라고 언급하고 있다(「더 크로니클」, 1924년 4월, 1).

그리고 그해 6월 17일 열렸던 여선교연합회 정기 모임에서 멘지스에 대한 감사의 말을 회의록에 남기고 있다. 다음은 그중 일부분이다.

이 위원회는 한국의 호주선교회에서 사역한 멘지스의 은사로 인하여 하나님께 깊이 감사한다. 멘지스는 1891년 동료들과 함께 아직 알려지지 않은 곳에 새로운 선교의 기초를 놓기 위하여 갔다. 그들은 그곳 사람들에 대한 지식이나 언어도 몰랐고, 사람들이나 책에서도 도움을 받지 못하였다. 이

러한 기초 위에 교회가 세워진 것에 그녀는 기뻐하였고, 우리 선교부는 그녀의 오랜 사역으로 성장할 수 있게 되어 축복이었다.

멘지스가 다른 동료 선교사들과 한국인 친구들에게 베푼 행동들은 말로써 다 표현하기 어려울 정도이다. 우리는 그녀의 헌신과 모범으로 인하여 감사하고, 앞으로는 이곳에서 우리와 함께 선교를 지원할 수 있게 되기를 바라며, 앞날에 축복이 있기를 기도한다(「더 크로니클」, 1924년 7월 1일, 5).

이로써 부산진의 미우라학원은 '어머니'를 잃게 되었고, 아무도 멘지스만의 그 자리와 그 역할을 대신할 수 없었다. 한국의 호주선교회도 다음과 같은 기록을 남기고 있다.

우리 선교회는 멘지스가 이 땅에서 그리스도를 위하여 오랫동안 헌신 봉사함을 깊이 감사한다. 그녀는 1891년 한국에 온 호주장로교 선교부의 개척자 중 한 명이다.

그녀는 한국인들에게 때 묻지 않은 애정과 힘을 주었고, 그녀의 사랑과 봉사 정신은 그녀에게서 영감을 받은 사람들의 마음속에 계속 드러날 것이다. 그녀가 한국에 돌아오지 못한다고 그녀의 사역이 다 끝난 것이 아니라는 것을 우리는 안다. 그녀의 마음속에 소중한 이 땅을 위하여 그녀는 기도와 노력 속에 우리와 협력할 것임을 굳게 믿는다(「더 크로니클」, 1924년 10월 1일, 5).

어머니가 돌아오셨다!

그 후 멘지스는 빅토리아장로교 여선교연합회의 여러 일을 맡으면서 한국 선교를 계속 지원하게 된다. 그리고 1930년 11월 '여선교연합회의 베터랑 선교사' 멘지스는 한국을 한 번 더 방문하게 된다. 그녀나이 66세였다.

"오늘 아침 어머니가 돌아오셨다!"

"우리는 어머니를 이제 천국에서만 볼 수 있을 줄 알았어요. 이 땅에서 다시 만나다니 얼마나 좋은지 몰라요."

"어머니는 더 젊어 보이고 강해 보여요. 우리를 잊지 않으셨어요."

멘지스를 환영하는 성대한 모임이 11월 20일 열렸고, 얼마나 감동적인 만남이었을지 상상이 갈듯하다(「더 크로니클」, 1931년 2월 2일, 5).

그리고 약 두 달 후 부산진교회 설립 40주년 기념 예배가 있었고, 멘지스와 무어의 공로 기념비 제막식도 있었다. 무엇보다도 양딸인 민신복의 결혼식에 어머니로 참석하는 기쁨을 멘지스는 가졌고, 그들에게 한옥 한 채도 선물할 수 있었다.

더 높은 곳으로 올라라

그리고 5년 후인 1935년 9월 10일 멘지스는 발라렛에서 80세의나이로 별세하였다. 그리고 그곳 구 공동묘지에 묻히게 된다. 당시「더에이지」신문은 멘지스의 장례식을 지역 소식에 알리며 한국의 첫 호주 여선교사로 소개하고 있다(「더 에이지」, 1935년 9월 12일, 14).

데이비스 여사는 「더 크로니클」 독자들을 위하여 "고결한 여인을기억하며"라는 제목의 추모사를 남기는데 다음이 그중 일부분이다.

'더 높은 곳으로 올라라'라는 부름을 받고 멘지스는 하나님의 백성 중에 안식에 들어갔다. 잠언서에 나오는 고결한 여성은 신실한 아내를 말하고 있지만, 멘지스는 미혼으로 어머니와 같은 마음을 가진 여인이었으며 그녀의 사랑의 돌봄을 받은 많은 사람은 그녀를 어머니로 여겼다. ⋯ 오랫동안 한국에서 선교사로 일할 동안 그녀의 집은 항상 진실된 사랑과 친절함의 중심이었는바, 특히 새내기 선교사들, 한국인 고아들, 한국인 여성들은 그녀의 지혜롭고 친절한 방법으로 돌봄을 받았다(「더 크로니클」, 1935년 10월 1일, 3-4).

멘지스가 호주에서 세상을 떠났다는 소식을 들은 부산진일신여학교도 1936년 "고 멘지쓰부인을 회고함"이라는 제목의 글을 남기고 있는바, 다음이 그 일부분이다.

오늘날 암탉이 병아리를 품는듯이 東萊天地를 안고 섯는 우리 日新學校를 낳고 길을 여는 그 어머니로서 永遠히 잊혀지지 않을 것이다. 日新의 어머니 멘지쓰 婦人 그는 벌서 이 世上을 떠나 日新이 40週年 돌을 맞이하는 1935년 9월 10일에 그 日新을 낳고 길르시든 멘지스 婦人은 멀리 그의 故鄕인 濠洲 '바라라트'라는 곳에서 平穩한 가운데서 이 世上을 떠났다는 訃音을 받으니 다시금 그의 혁혁한 功績을 回想하고 感謝하게 되는 바이다(「일신」, 1936).

멘지스가 설립한 일신여학교는 후에 고등과도 설립되었고, 고등과는 동래로 이전하여 동래일신학교 혹은 하퍼기념학교로 불리었다. 그러나 1941년 선교사들이 한국을 떠날 때 구산재단으로 인계되어 현재는 동래여자중학교와 동래여자고등학교로 이어지고 있다.

1905년 준공된 좌천동의 부산진일신여학교 건물은 부산에서 가장 오래된 근대 건축물이자 부산 경남 최초 신여성 교육기관으로 한국기독교사적 제7호, 부산광역시 지정 기념물 제55호로 지정되었으며 2010년 역사전시관으로 새롭게 단장하였다. 멘지스와 무어의 공로 기념비는 현재 부산진교회 뜰에 세워져 있으며, 그 전문은 다음과 같다.

> 이 두 분은 1892년에 호주 선교사회의 보내를 받아 부산에 이르러 심상현 씨 인도로 이곳에 와서 집집이 단이며 사람 사람 앞에 복음을 전하야 교회 창설과 녀자 교육에 많은 즁 맨지씨는 것친밥 것친옷으로 고아 수양과 반궁 구제에 30여 년의 일생을 희생하였고 모씨도 25년의 일생을 바쳤습니다.

에필로그

2019년 한호 선교 130주년을 맞이하여 부산진교회 방문단이 호주를 방문하였다. 필자는 이 팀을 안내하여 멘지스의 고향인 발라렛을 찾았다. 세월을 머금고 여전히 우뚝 서 있는 에베네저교회 그리고 멘지스가 묻혀있는 무덤…. 평생 몇 번이나 그런 느낌을 경험할 수 있을까. 신성한 공간, 거룩한 땅에 들어선 것 같은 말로 표현할 수 없는 감정이 필자의 마음속에 요동을 쳤다.

참고도서

김경석.『부산의 기독교 초기선교사』. 한세 인쇄, 2013.
「더 레코드」 Vols. 1-10 (호주장로교선교부, 1909-1923).
「더 에이지」(멜버른) 1935년 9월 12일.
「동래일신여학교교우회회보」(멘지스 부인 기념호) 제8호 (1936).
빅토리아여선교연합회.「더 크로니클」. 멜버른, 1906~1935.
이상규.『왕길지의 한국선교』. 한국기독교문화연구원, 숭실대학교출판국, 2017.
커와 앤더슨/양명득 편역.『호주장로교 한국선교역사 1889-1941』. 동연, 2017.
텔스마, 알렉스『그곳에 많은 여성이 있었다』. 빅토리아여선교연합회, 1991.

Australian Presbyterian Mission. *The Records of the Australian Presbyterian Mission in Korea.* Busan, 1909-1935.
Campbell, Elizabeth M. *After Fifty Years, A Record of the Work of P.W.M.U. of Victoria.* Melbourne: Spectator Publishing Co. Pty. Ltd. 1940.
Presbyterian Women's Missionary Union of Victoria. *The Chronicle.* Melbourne, 1906-1935.
Talsma, Alexe. *There Were Many Women, United in a Century of Service 1890-1990.* Melbourne: Presbyterian Women's Missionary Union of Victoria, 1991.